Helen Rutter

Ich heiße
Billy
Plimpton

Aus dem Englischen von Henning Ahrens

Atrium Verlag · Zürich

Deutsche Erstausgabe
1. Auflage 2021
© Atrium Verlag AG, Zürich, 2021
Alle Rechte vorbehalten
Die Originalausgabe erschien 2021 unter dem Titel *The Boy Who Made Everyone Laugh* bei Scholastic Children's Books, London.
Text © Helen Rutter, 2021
Coverillustration von Regina Kehn
Aus dem Englischen von Henning Ahrens
Satz: Dörlemann Satz, Lemförde
Druck und Bindung: CPI books GmbH, Leck
Printed in Germany
ISBN 978-3-85535-650-8

www.atrium-kinderbuch.com
www.instagram.com/atrium_kinderbuch_verlag

Eins

Die Vergangenheit, die Gegenwart und die Zukunft gingen in eine Bar.
Sie hatten eine richtig irre Zeit.

Alles, was ich sage, ist wichtig. Jedenfalls meint das meine Mum. Manchmal verlangt sie von mir, dass ich das laut wiederhole. Dann möchte ich am liebsten im Boden versinken. Für jemanden wie mich kann es echt superpeinlich sein, etwas laut zu sagen.

Trotzdem tue ich das jetzt. Ich übe. Immer wieder, vor dem Spiegel. Ihr findet mich hier oft, wie ich so vor mich hin quatsche, beobachte, wie ich die Augen zusammenkneife und wie sich mein Unterkiefer verkrampft.

»I-i-ich heiße B-B-B-Billy Pliiimpton, u-u-u-und ich stottere. Ich heiße Billy Plimpton, und ich stottere. Ich h-h-heiße Biiiillly, und ich st-t-t-t-tottere.«

Wenn ich das sage, ohne zu stottern, laufe ich knallrot an. Als würde ich mein Spiegelbild betrügen. Und wenn ich ins Stocken komme, laufe ich auch rot an, weil ich es idiotisch finde, mich selbst anzustottern. Aber meine Logopädin sagt, ich soll regelmäßig üben. Also tue ich es. Bis zum ERBRECHEN.

Ich sage diesen Satz nie zu anderen Leuten, sondern immer nur in meinem Zimmer zu mir selbst. Ich wünschte, ich müsste gar nicht erst erklären, dass ich eine Sprechstörung habe. Es hilft aber, wenn neue Bekannte im Vorfeld Bescheid wissen. Dann müssen sie sich nicht den Kopf darüber zerbrechen, was los ist. Es gibt Leute, die eine extrem lange Leitung haben. Ich finde es schrecklich, sie anschauen zu müssen, während sie versuchen, ihre Mimik in den Griff zu bekommen. Sich fragen, ob ich bloß einen Witz mache. Tja, schön wär's.

Das übe ich übrigens auch. Witze zu erzählen. Ich LIEBE Witze. Ich finde es super, mit Wörtern zu spielen. Die Leute mit einer Pointe zu überraschen. Mein Spiegelbild anzulachen.

»W-w-w-w-was liegt a-a-a-am Strand und spricht u-u-undeutlich? – Eine N-N-Nuschel!«

Aber wie soll ich witzig sein, wenn ich nicht mal richtig sprechen kann? Es ist nicht gerade leicht, einen Witz zu erzählen, wenn man die Wörter nicht rausbekommt. Ich ruiniere meine Pointen. Das ist mega-ärgerlich. Stundenlang schaue ich mir Komiker auf YouTube an. Wie flüssig sie reden, wie rasant. Das amüsierte Publikum. Ich versuche verzweifelt, sie nachzuahmen.

Man merkt nicht immer gleich, dass ich stottere. Manchmal lege ich zwischen zwei Wörtern eine Pause ein, und manchmal singe ich ein Wort endlos lang, was absolut bescheuert klingt. Als würde ich mit mir selbst wetteifern, wie lange ich einen Ton halten kann. Heute Nachmittag bin ich eine gefühlte Ewigkeit an dem Wort »Zitronenkuchen« hängen geblieben. Als ich es schließlich herausgebracht hatte, war mir die Lust auf Zitronenkuchen fast ein bisschen vergangen. Wenn ich stocke, bin ich nicht nur auf mich, sondern manchmal auch auf die Wörter sauer, als wären sie mit Absicht so bockig.

Aisha, die Freundin meiner kleinen Schwester Chloe, war heute zum Abendessen bei uns. Beide galoppierten mit Klipp-Klopp-Geräuschen durch die Küche. Chloe steht total auf Ponys. In ihrem Zimmer wird mir immer fast übel, weil dort so viele Plüschponys herumliegen und Unmengen von Pferde-Postern an den Wänden hängen. Ich finde Pferde ein bisschen unheimlich, aber das würde ich nie zugeben. Stattdessen gehe ich einfach nicht so oft in ihr Zimmer.

Aisha war zum ersten Mal bei uns. Während des Abendessens sang ich mich durch meinen neuesten Witz: »M-m-m-mit welcher Hand kann man besser schreiiiiben?«

Aisha wollte wissen: »Warum sprichst du so komisch?« Sie fragte das einfach so geradeheraus und sah mich dabei über ihre Gabel voller Spaghetti an.

Chloe erklärte es für mich: »Er bleibt an Wörtern hängen. Er weiß, was er sagen will, aber sein Gehirn macht nicht mit. Du musst einfach warten, bis er fertig ist.«

Aisha dachte eine Weile nach, schlürfte dann ihre Spaghetti und meinte: »Das gefällt mir!« Das war nett von ihr. Sie lachte sogar über meine Pointe: »Mit keiner,

d-d-d-denn m-mit einem Stift schreibt man am besten!«
Und das war noch netter.

Aisha war wenigstens ehrlich. Kinder verhalten sich
bei einer ersten Begegnung besser als Erwachsene. Sie
fragen wie Aisha entweder sofort, ob ich stottere, oder sie
ignorieren mein Stottern. Wenn jemand so tut, als würde
er nichts bemerken, und einfach wartet, bis ich fertig bin,
ist das optimal – diese Menschen vertrauen darauf, dass
ich den Satz irgendwann beende. Mum meint, viele Probleme auf der Welt liegen daran, dass die Leute immer
so in Eile sind, und sie sagt, ich würde ihnen einen Gefallen tun, indem ich sie zwinge, etwas mehr Geduld auf-
zubringen.

Ich bekomme erst Probleme, wenn Kinder kapieren,
was mit mir los ist. Wenn ihnen dämmert, dass sie mich
mit dem Stottern aufziehen oder mich auslachen können.
Meist bemerke ich nur, wie Kinder alberne Grimassen
ziehen oder hinter vorgehaltener Hand kichern, wenn ich
etwas sagen will. Wenn jemand danach fragt, wie Aisha,
ist das prima. Das ist mir lieber als die halb lächelnden
und halb stirnrunzelnden Gesichter, die Erwachsene ziehen, wenn ich zum ersten Mal mit ihnen rede. Die Mundwinkel hochgezogen, die Stirn in Falten gelegt. Ich hasse
es, wenn man mich so ansieht. Die Leute sollen richtig
lächeln, nicht mit gerunzelter Stirn. Ich kann ihnen ansehen, wenn der Groschen fällt. Wenn sie schnallen, dass
das, was sie hören, an einer Sprechstörung liegt. Und
dass ich nichts dafür kann. Dann wirken sie erleichtert,

ja selbstzufrieden. Weil sie nun damit angeben können, wie super sie mit meinem Stottern umgehen. Meiner Erfahrung nach gibt es vier Hauptkategorien von Erwachsenen:

Die Ermutiger

Sie setzen eine lächelnde, gelassene Miene auf und sagen ständig Sachen wie: »Nur weiter«, »Interessant« oder »Verstehe«. Ermutiger sind okay. Sie können aber auch nerven, wenn sie es übertreiben und Bemerkungen machen wie: »Hol erst mal tief Luft« oder »Bleib ganz locker«. Wenn man jemandem, der mit etwas kämpft, den Rat gibt, locker zu bleiben, dann ist das so, als würde man jemandem, der vor einem Tiger wegrennt, zurufen: »Lauf schneller!« Was man ja auch tun würde, wenn man es nur könnte.

Die Gedankenleser

Das ist die häufigste und nervigste Kategorie. Es gibt viele Erwachsene, die sich Kindern gegenüber *immer* so verhalten, selbst gegenüber denen, die nicht stottern. Aber in meinem Fall tun sie das so RICHTIG. Die Leute in dieser Kategorie bilden sich ein, genau zu wissen, was ich sagen will, und beenden den Satz »netterweise« für mich. Was sie dann sagen, ist meistens voll daneben. Ich spiele oft mit, weil ich keine Lust habe, wieder von vorn anzufangen. Einmal bin ich sogar auf Toilette gegangen, obwohl ich gar nicht musste. Die Dame am Kinoschalter glaubte offenbar, ich wollte fragen: »Wo sind die Toiletten?«, aber eigentlich hatte ich »Wo gibt es hier Popcorn?« fragen wollen. Sie brachte mich direkt zu den Toiletten, obwohl da ein riesiges Schild mit einem Pfeil hing, was ich sowieso gesehen hätte. Trotzdem bin ich reingegangen. Am Ende kaufte ich nicht mal Popcorn.

Als ich mich wieder setzte, erklärte ich Mum, ich hätte es mir anders überlegt, und sie nannte mich einen »komischen Vogel«. Das ist auch etwas, das passiert, wenn man stottert. Die Leute halten dich entweder für blöd oder für komisch.

Die Scherzbolde

Die ärgerlichste Kategorie. Das sind Erwachsene, die nicht wissen, wie sie sich verhalten sollen, und mich dann »zum Scherz« nachäffen. Und glaubt mir: Das passiert öfter, als man meint. Neulich war ich im Supermarkt und musste einen alten Mann mit brauner Mütze bitten, den Schoko-Milchshake oben aus dem Regal zu nehmen. Er sah mich an und reagierte mit den Worten: »J-j-j-j-ja, mache ich doch glatt!«, und dann lachte er, weil er sich unglaublich witzig vorkam. Schwer zu sagen, was Erwachsene dazu treibt, sich so zu verhalten. Eigentlich ist es zu verwirrend, um nervig zu sein. Ich fand es aber trotzdem ätzend.

Die Abwartenden

Die beste Kategorie und jene, in die ihr euch auch ein-
reihen solltet, falls ihr mal einem Stotterer begegnet. Das
sind die seltenen Menschen, denen es nichts ausmacht,
abzuwarten, und die so lange zuhören, bis ich ausgespuckt habe, was ich erzählen will. Meist ein neuer Witz.
Ihr könntet ziemlich lange warten, bis ich zum letzten
Wort eines Einzeilers komme. Denn so funktioniert das.
Je mehr ich etwas sagen will, desto stärker sträubt sich
etwas in mir dagegen, es auszusprechen. Das ist an sich
schon ein schlechter Witz.

   Natürlich gibt es nicht ganz so gute Abwartende. Ihr
glaubt ja nicht, wie offensichtlich es ist, wenn jemand ab-
wartet, obwohl er oder sie eigentlich überhaupt keine Lust
dazu hat. Das ist ätzend. Zu diesen Leuten würde ich am
liebsten sagen: »Lass es einfach. Du hast doch sicher etwas
Besseres zu tun. Das ist für uns beide kein Spaß.« Aber ich
sage es nicht, denn das würde noch länger dauern.

Als ich mich zum Spiegel umdrehe, um noch einmal »Ich
heiße B-B-B-B...« zu üben, steckt meine Mutter den Kopf
zur Tür herein.

   »Mit wem sprichst du, Billy?«, fragt sie.

   »Mit n-n-niemandem«, antworte ich, indem ich auf
mein Spiegelbild zeige.

   »Mensch, wenn der Spiegel doch nur sprechen könnte.
Er hat sicher allerhand von dir erfahren.«

»W-w-was man dem Sp-p-piegel sagt, das b-b-behält d-der Spiegel für sich, k-kapiert?« Das sage ich mit meiner besten Gangster-Stimme. Mum ist eine ziemlich gute Abwartende. Aber sie hat natürlich auch viel Übung.

»Gut, du kannst noch zehn Minuten mit deinem Spiegel plaudern, dann gehst du ins Bett, okay? Morgen ist ein großer Tag, und du brauchst Schlaf.« Sie zwinkert mir zu, und ihr Kopf verschwindet aus der Tür. Wenn ich normal sprechen könnte, ja, dann wäre der erste Schultag an der Bannerdale High School ein Zuckerschlecken. Deshalb werde ich alles tun, was mir einfällt, um das Stottern loszuwerden und so zu sein wie alle anderen. Oder vielleicht sogar besser. Ich könnte der beliebteste Junge in der ganzen Schule sein, stellt euch das mal vor.

»Kennst du Billy Plimpton? Der ist echt super und außerdem IRRE witzig.«

»Ja, alle wollen mit Billy Plimpton befreundet sein. Ich glaube, er wird mal so richtig berühmt.«

»Erzähl uns noch einen Witz, Billy, komm schon!«

Während der Mittagspause würden mich alle umlagern, verzweifelt versuchen, meine Freundschaft zu gewinnen, und mit gespitzten Ohren meinen Witzen lauschen … vorausgesetzt, ich werde das Stottern los. Wie es auf der Bannerdale sein wird, wenn ich das nicht schaffe, stelle ich mir lieber gar nicht erst vor.

Ich habe alles aufgelistet, was ich sagen werde, sobald ich wie ein normaler Elfjähriger klinge. Ich finde es super, Listen anzulegen, für alle möglichen Dinge. Dafür habe ich ein echt cooles Notizbuch in Form einer Rakete, das ist die optimale Form. Ich befestige die Listen an der Pinnwand in meinem Zimmer, hake die Punkte nacheinander ab und notiere neue, wenn mir etwas einfällt. Die Pinnwand ist richtig voll. Ich brauche bald eine zweite.

Das sind ein paar meiner Lieblingslisten:

BESTE WITZE

Diese Liste verändert sich ständig. Zurzeit lautet die Nummer eins:

1. Warum lief das Kind quer über den Spielplatz zur Rutsche? Um keinen Tunnel graben zu müssen.

WAS CHLOE ZUM HEULEN BRINGT

Das klingt nach einer fiesen Liste, aber so ist sie nicht gemeint. Chloe heult bei der kleinsten Kleinigkeit. Und als ich mal Langeweile hatte, habe ich die verschiedenen Anlässe aufgelistet. Wenn ich sie lese, kringele ich mich jedes Mal vor Lachen. Hier die drei aktuellsten:

- Wenn man glaubt, sie hätte gefurzt, obwohl sie es gar nicht getan hat.
- Wenn man ihr sagt, dass es keine Einhörner gibt.
- Wenn ich einen ihrer Teddys mit dem nackten Fuß berühre.

Und nun meine neueste und wichtigste Liste:

WIE ICH MEIN STOTTERN LOSWERDEN KANN

- **Üben vor dem Spiegel**

Der heißeste Tipp meiner Logopädin Sue. Ich finde sie
ja echt nett, aber die Treffen mit ihr haben noch nichts
gebracht. Seit meinem siebten Lebensjahr gehe ich einmal im Monat zur Sprechtherapie. Ich begann mit fünf
zu stottern. Mum glaubt, dass es anfing, nachdem ich
einmal fast im Schwimmbad ertrunken wäre. Schwer
zu sagen, ob ich mich wirklich daran erinnern kann, im
Wasser versunken zu sein, oder ob ich mir diese Erinnerung bloß einbilde. Wie etwas, das man eigentlich
gar nicht selbst erlebt hat, sondern nur von einem Foto
oder einer oft erzählten Geschichte kennt. In meiner
Erinnerung taste ich mit den Füßen nach dem Grund
des Beckens, finde ihn aber nicht. Panik. Ringsumher
strampelnde Beine und die gedämpften Rufe der Menschen über mir. Ich bin bis heute nicht besonders wild
auf Schwimmen.

Mum meint, dass ich am Tag darauf plötzlich gestottert hätte. Das hat sie Sue erzählt. Mein Urgroßvater stotterte angeblich auch. Sue meint, es könnte durchaus in
der Familie liegen. Das sind die zwei Dinge, denen Mum
die Schuld gibt: ein Schwimmbad und ein Uropa, dem
ich nie begegnet bin. Ich habe gewisse Zweifel, was das

Beinahe-Ertrinken betrifft. Ich kenne Videos, die mich lange vor dem Vorfall zeigen. Die Ringe für meine Eltern haltend, die geheiratet haben, als ich drei war. Eine kleine Weste tragend. Eins zeigt, wie ich mit vier einen Klopf-Klopf-Witz erzähle! Dad meint, ich hätte Witze schon geliebt, bevor ich sie kapieren konnte. In dem Video sage ich: »Klopf, klopf«, und dann hört man Dad hinter der Kamera fragen: »Wer ist da?« Und ich antworte »P-Puh«, und fange an zu lachen wie ein Verrückter. Ich gebe keine Antwort, als Dad fragt: »Puh wer?« Ich kugele mich auf dem Fußboden, weil ich glaube, der Witz wäre auserzählt, obwohl die Pointe fehlt. Dad erzählt, das bloße Wort »Puh« hätte bei mir hysterische Lachanfälle ausgelöst. Ich glaube, das hat alle irre genervt, und ich bin froh, nun etwas älter zu sein und bessere Witze zu erzählen, auch wenn ich selten Gelegenheit dazu habe. Ich würde nie zulassen, dass Dad mich filmt, wenn ich einen Witz erzähle, um keinen Preis der Welt.

Ich habe den Eindruck, dass ich schon in dem Video stottere. Mit fünf hat es sich bloß verschlimmert. Sue glaubt, es könnte sich »verstärkt« haben, als Chloe zu sprechen begann. (Sie sagt immer »verstärken« statt »verschlimmern«. Wahrscheinlich will sie nicht, dass ich mein Stottern für schlecht halte, obwohl es das natürlich ist, absolut. »Verstärkt« klingt netter als »verschlimmert«.) Weil ich dann öfter unterbrochen wurde. Wenn ihr mich fragt – ich finde das einleuchtender als das Beinahe-Ertrinken. Ich glaube, Mum will nicht, dass ich Chloe die

Schuld gebe. Es ist leichter, einem Schwimmbad oder einem Urgroßvater die Schuld in die Schuhe zu schieben. In meinem siebten Lebensjahr verschwand das Stottern eine Weile, aber dann ging es wieder los. Seither gehe ich zu Sue.

Ich rede nun schon zwei Jahre mit meinem Spiegelbild, man sollte also meinen, dass es allmählich wirkt. Vielleicht tut es das ja auch und würde sich ohne die herrlichen Selbstgespräche wieder verschlimmern! Das herauszufinden, finde ich zu riskant.

- **Sophie Bells Buch *Leben ohne Stottern* lesen**

Mum war mit mir in einem Geschäft, weil ich Schreibsachen und Bücher für die Schule brauchte, und während sie auf Toilette war, kaufte ich das Buch heimlich mit meinem Büchergutschein. Mum soll nicht wissen, wie dringend ich das Stottern loswerden will, denn sonst macht sie sich wieder Sorgen und will ständig alles »durchdiskutieren«. Es war das einzige Buch zum Thema Stottern, das im Geschäft zu finden war.

Als sie schließlich zurückkehrte, versuchte ich, entspannt zu wirken, aber meine Miene war wie erstarrt, und beim Verlassen des Geschäfts stieß ich eine riesige Maus aus Pappe und haufenweise Bücher um. Mum nannte mich einen Tollpatsch, und wir mussten alle Bücher wieder aufstapeln. Jedenfalls fange ich morgen direkt an, das Buch zu lesen.

- Einen Kräutertee namens *Matricaria recutita* trinken, von dem ich im Internet gelesen habe.

(Sprecht diesen Namen mal aus, wenn ihr stottert. Ich habe es versucht – eine Katastrophe.) Ich hatte im Blog eines Stotterers namens John davon gelesen. Er meint, der Tee beruhige ein »überreiztes Gehirn«. Kann sein, dass ich daran leide. Ich werde den Tee einen Monat lang täglich trinken. Ich habe mein Taschengeld dafür gespart. Aber zuerst muss ich einen Laden finden, in dem man ihn bekommt. Ich war in zig Supermärkten, aber sie haben ihn nicht im Angebot.

- Zu den Göttern des Sprechens beten, damit meine Logopädin Sue einen Zauber gegen das Stottern findet.

Das ist natürlich ziemlich unrealistisch, denn Logopäden tun das nicht. Sie können das Stottern nicht wegzaubern. Sie können aber helfen, es zu lindern. Sue zeigt mir Sprechübungen und erkundigt sich, was ich besonders quälend finde, nicht nur beim Sprechen, sondern überhaupt. Sue ist fröhlich und richtig nett, sie hat lockige Haare, die direkt über der Kopfhaut etwas grau sind, und sie trägt Halsketten, die an riesengroße, knallbunte Süßigkeiten erinnern. Wir haben das Stottern während all der Jahre nicht groß reduzieren können. Vielleicht sollte ich deshalb nicht nur beten, sondern auch die Hausaufgaben machen, die sie mir aufgibt. Beim letzten Mal hat sie mir eine Broschüre mit Figuren gegeben, die mich daran erinnern sollen, wie ich reden muss, um nicht mehr so stark zu stottern. Sie heißen *Smoothies*. Jeder steht für einen Trick:

- *Schleicher* sieht aus wie ein Wurm und soll einen ermahnen, langsam zu sprechen. Kein besonders origineller Name, ich weiß!
- *Schmuser* (noch so ein genialer Name!) erinnert daran, dass man weiche Laute hervorbringen sollte. Das bedeutet, dass man starke Konsonanten am Beginn eines Wortes nach Möglichkeit meidet. Als wäre man zu angeödet oder zu müde, um das Wort korrekt auszusprechen. Probiert es selbst: Sagt mal »Ball« ohne B, aber so, dass es sich anhört, als würdet ihr doch »Ball« sagen. Seltsam, oder?
- *Überschall* will, dass man vor Wörter ein lautes »ähem« setzt. Wenn man oft bei Wörtern stockt, die mit einem S beginnen, soll man ein »ähem« davorsetzen. Man würde also »Ähemsuppe« statt »Suppe« sagen. Sue meint, das würde niemand mitbekommen, aber ich finde, es ist unüberhörbar. Warum sollte »Ähemsuppe« besser sein als »S-S-S-Suppe«? Ich will einfach »Suppe« sagen können wie jeder andere.

In der Broschüre gibt es auch Bilder der Figuren. *Schmuser* sieht aus wie ein fetter Schneeball mit einem blauen Schal. *Überschall* ist der »coole Kumpel«. Wer benutzt schon das Wort »Kumpel«? Voll peinlich. Manchmal denke ich, dass

Erwachsene, die sich so was ausdenken, ein Kind bräuchten, das alles überprüft, damit sie nicht auf Schwachsinn wie »cooler Kumpel« kommen. Um ganz ehrlich zu sein, finde ich diese *Smoothies* etwas kindisch, aber Sue ist ganz versessen darauf. Ob sie noch von ihnen spricht, wenn ich zwölf bin? Hoffentlich nicht. Ich will nicht auch noch auf der weiterführenden Schule an *Schleicher* und *Schmuser* denken müssen.

Morgen muss ich den ersten Tag an der Bannerdale irgendwie überstehen. Wenn ich doch bloß nichts sagen müsste. Vielleicht kann ich nur mit Mimik und Gestik kommunizieren, wie Charlie Chaplin. Das würde bei einer Horde aggressiver Teenager sicher gut ankommen, wenn ich ihnen pantomimisch so etwas andeute wie »Bitte tut mir nicht weh. Ich bin klein und schwach«, während sie mich verprügeln.

Zumindest habe ich jetzt die Chance, an einem neuen Ort komplett von vorne zu beginnen. Ich kann mich ganz neu präsentieren, denn keiner kennt mich. Vielleicht wird es ganz anders, vielleicht werde ich viele Freunde finden, weil niemand merkt, dass ich stottere. Aber ich habe auch schreckliche Angst, weil ich vermute, dass mich dort noch mehr Kinder auslachen werden als in der Grundschule.

In der Grundschule hatten sich wenigstens alle an mich gewöhnt. Mein Stottern war für sie normal, deshalb konnte ich die meiste Zeit vergessen, dass es das eigentlich nicht war. Mrs Jackson, meine Lehrerin, war auch in Ordnung. Sie rief immer dieselben Schüler auf, und das fand ich super (weil ich nicht dazugehörte), und es störte sie auch nicht, wenn ich mit dem Stift auf meinen Knien trommelte. (Im Gegensatz zu Mr Allsop im Jahr zuvor. Er fand es grässlich! »Billy Plimpton, ich sage das jetzt zum zehnten Mal: Lass diesen Krach!«) Die sechste Klasse war die beste, weil ich der Älteste war. (Nicht der Größte, denn ich bin winzig, aber der Älteste.) Alle älteren Kinder, die mich im Vorjahr in der Mittagessenschlange angerempelt hatten, waren weg, und das war toll. Bei Versammlungen saß ich auf den Bänken der Sechstklässler, und in der Mittagspause durften wir auf den Spielplatz mit den Reifen.

Mein bester Freund in der Grundschule war Ash – jedenfalls irgendwie. Schwer zu sagen, ob ich auch sein bester Freund war, aber umgekehrt war es auf jeden Fall so. Er war an jedem Donnerstag nach der Schule bei uns, weil meine Mum mit seiner Mum befreundet ist. In gewisser Weise blieb ihm also gar nichts anderes übrig, als sich mit mir anzufreunden, aber ich glaube, das war ihm ziemlich schnurz. Er übte immer seine Strafstöße mit mir im Garten.

Als Mum und ich die Bannerdale auf dem Bewerbungsformular als erste Wahl angaben, fand ich das toll, obwohl alle anderen aus meiner Klasse auf die Hillside wollten.

»Wirst du Ash denn nicht vermissen?«, fragte Mum, kurz bevor sie das Formular am Computer abschickte.

»Ich treffe mich w-w-weiter mit Ash. Du triiiffst dich ja auch oft mit seiner Muuum.«

»Ja, das stimmt, Liebling. Ich möchte nur, dass du dich nicht einsam fühlst.«

Ich verschwieg ihr, dass ich mich sowieso immer einsam fühle. Und dass Ash in der Schule selten mit mir abhing. Und auch sonst niemand. Ash wollte in der Mittagspause zu den coolen Kindern gehören. Sie hockten auf den Stufen und quatschten über YouTuber, während ich mit den Fünftklässlern Basketbälle warf. Deshalb entschied ich mich für die Bannerdale High School – ich wollte die anderen loswerden und von vorn beginnen. Ich verriet Mum auch nicht, dass Ash donnerstags nach der Schule nicht mehr zu uns kommen wollte.

Am letzten Grundschultag, als alle gegenseitig auf ihren T-Shirts unterschrieben, sagte er: »Da wir auf unterschiedliche Schulen gehen, ist es wohl am besten, wenn wir uns neue Freunde suchen, und außerdem sagt meine Mum, ich kann jetzt donnerstags allein zu Hause bleiben, bis sie kommt. Wir werden uns also nicht mehr sehen. Viel Spaß auf der Bannerdale!«

»Oh, okay«, sagte ich. »M-m-m-möchtest du, dass iiich meinen Naaamen auf dein …« Aber er war schon wieder zur coolen Truppe verschwunden. Er war trotzdem nie gemein zu mir, nicht so richtig, und er hat mich auch nie ausgelacht, weil ich stottere.

Die anderen taten das manchmal, wenn ich im Unterricht etwas laut vorlas. Oder als ich beim Weihnachtsspiel als Schaf »Määh« sagen musste. Eine richtig gute Idee, denn wenn jemand etwas sagte, antwortete das Schaf stets mit »Määh«, und das passte immer. Aber da es mir nicht mal gelang, das »M« über die Lippen zu bringen, war das ein Griff ins Klo.

All meine Klassenkameraden kicherten, und ich glaube, auch manche Mütter und Väter lachten hinter vorgehaltener Hand. Es war einer der schlimmsten Tage des Schuljahres, und ich musste über Weihnachten ständig daran denken. An die Gesichter der Leute, wie sie lachten, ohne mich anzusehen, den Mund höhnisch verzogen und die Augen verdrehten. Alle bis auf Ash. Ich schaute durch die Schafsmaske zu ihm, und er sah mich bloß an und wartete, bis ich das »Määäh« herausgebracht hatte. Genau darum war er mein bester Freund. Noch ein Grund, an einem Ort neu anzufangen, wo sich niemand an die Krippenszene und alle anderen Gelegenheiten erinnert, bei denen ich ins Stocken kam. Wo es vielleicht mehr Menschen wie Ash gibt, die sich das Kichern verkneifen.

Das ist meine schlimmste Befürchtung, was die Bannerdale betrifft. Dass mich alle auslachen. Ich möchte, dass sie *gemeinsam* mit mir lachen, über meine Witze, nicht über mich. Solange ich stottere, kann ich aber keine Witze erzählen. Und wenn ich es doch täte, würden sie wie beim Weihnachtsspiel aus dem falschen Grund lachen. Dann wäre ich der Witz.

Aber ich habe eine Idee. Meine Mitschüler können nicht über mein Stottern lachen, wenn sie mich nicht hören, richtig? Deshalb werde ich versuchen, den Mund zu halten. Ich werde kein einziges Wort sagen. Bis ich meine Liste komplett abgearbeitet habe. Bis ich nicht mehr stottere. Und dann werde ich nicht mehr Billy Plimpton, der Stotterer, sein, sondern Billy Plimpton, der witzigste Typ an der ganzen Schule.

Drückt mir die Daumen.

Zwei

*Warum haben Gefangene im Kerker einer Burg immer
so schlimm gestunken?*
Weil sie dann nicht verduften konnten.

Ich schaue wieder mal in den Spiegel, gähnend. Meine
Haare sind strubbelig, und ich habe Schlaf in den Augen.
Durch den Spiegel betrachte ich meine Bannerdale-Schul-
uniform, die an der Tür hängt. Sie wirkt wichtig, Furcht
einflößend und aufregend, alles zugleich.

»Guten Morgen«, sage ich zu mir selbst, als ich die
Arme über den Kopf recke. Dann beuge ich mich nach-
denklich zum Spiegel und betrachte mich genauer. Ich
kneife die Augen nicht zu, sondern schaue entspannt aus.
Verändert. Ich bin schlagartig hellwach. Zuerst ist es nur
ein Hoffnungsschimmer, die leise Vermutung, es könnte
sich etwas getan haben. Ich kenne das, es passiert oft im
Vorfeld eines wichtigen Ereignisses, bei dem ich etwas sagen muss. Ich bilde mir ein, ein Wunder sei in Erfüllung
gegangen. Aber es könnte ja sein, dass es dieses Mal tatsächlich so ist. Je größer meine Hoffnung, desto schneller
mein Puls. Ob es wahr ist? Ist mein Stottern über Nacht
verschwunden?

»Ich heiße Billy ...«

Es klappt. Es klappt tatsächlich! Es ist weg, mein Stottern ist weg, pünktlich zum Schulbeginn! Mein Stottern ist weg! Dann fahre ich fort: »... P-P-P-P-P-Plimpton.« Mist! Mein Herz setzt kurz aus, und ich komme mir auf einmal total albern vor. Ich zeige meinem Spiegelbild die geballte Faust.

Manchmal frage ich mich, ob es nicht besser wäre, mir überhaupt keine Hoffnungen zu machen. Denn am Ende bin ich immer traurig. Ich ziehe frustriert meine neue Schuluniform an und höre, wie Mum unten ruft, ich solle mich beeilen.

Nach dem Frühstück pfriemelt sie an meiner Krawatte und sagt Sachen wie:

»Du siehst so winzig aus! Du bist viel zu klein für die weiterführende Schule.«

»Mum! Lllllass das!«, fauche ich und knöpfe meinen Blazer zu, um meine Krawatte vor weiteren Angriffen zu bewahren.

Dad lächelt mich über seine Cornflakes hinweg an.

Er ist seit Kurzem zu Hause. Die ganze Zeit, weil er letzte Woche einen neuen Job beim Lokalsender angefangen hat und Nachrichten und Wetterberichte filmt. Mein Dad ist Kameramann. Er hat vorher bei Sportereignissen gefilmt, war also *viel* unterwegs. Im letzten Jahr war er bei den Olympischen Spielen. Manchmal kam es mir vor, als würde er gar nicht zur Familie gehören, jedenfalls nicht so wie wir, sondern als wäre er nur ein Besucher. Einmal stritten sich Mum und Dad in der Küche. Ich hätte eigentlich schlafen sollen, aber ich hörte Mum sagen: »Mensch, Ian, wenn du weg bist, ist es einfacher.« Sie klang richtig kaputt. Ich schlich aus meinem Zimmer und setzte mich unten auf die Treppe, um zu lauschen, bis ich hörte, wie Mum in ihrer Verärgerung den Kühlschrank zuknallte und zur Tür ging. Ich flitzte im letzten Moment die Treppe hinauf, damit sie mich nicht erwischte.

Ich habe mal ein Buch über ein Kind gelesen, dessen Eltern sich scheiden ließen, und es begann mit einem heimlichen nächtlichen Streit. Als ich meine Eltern hörte, dachte ich deshalb zuerst an eine drohende Scheidung. Ich saß auf der Treppe, schob Panik und überlegte, was ich tun konnte, um das zu verhindern. Fragte mich, ob ich schuld daran war. Inzwischen bemühe ich mich, nicht an eine Scheidung zu denken, aber immer wenn ich ins Bett gehe, fällt es mir wieder ein. Ich habe sie seitdem nicht mehr streiten hören, außer wenn es darum ging, wer den Geschirrspüler ausräumen soll, aber ich glaube nicht, dass sich Paare wegen Meinungsverschiedenheiten über den Küchenputz scheiden lassen, oder was meint ihr?

Dad meint, Nachrichten zu filmen sei nicht so spannend wie das Filmen von Sportereignissen, »aber manchmal gibt es Wichtigeres im Leben, Billy«. Ich nehme an, er meint Mum, mich und Chloe. Er wirkt jedenfalls glücklich. Glücklich, weil er die ganze Zeit zu Hause ist, und Mum geht es offenbar genauso. Inzwischen albern sie oft herum. Mum hat sich gestern im Wäschekorb versteckt und Dad erschreckt, als sie plötzlich daraus aufgetaucht ist. Sie verhalten sich wie Kinder. Es freut mich, dass sie ihren Spaß haben, und ich bin froh, dass die Scheidung aufgeschoben ist, aber ein bisschen peinlich ist es schon.

Der Schulbus hält oben in unserer Straße. Ich musste Mum und Dad einhämmern, dass sie auf gar keinen Fall mitkommen und mir winken dürfen. Sie wollten auch Chloe mitnehmen, und Chloe wollte ihre Pompons mitnehmen. Könnt ihr euch das vorstellen? Kann es etwas Peinlicheres geben als eine kleine Schwester, die im Beisein ihrer Eltern mit ihren Pompons ein Tänzchen an der Bushaltestelle hinlegt? Sie setzten eine gespielt traurige Miene auf, als ich sagte: »Nie und nimmer!«, und Dad jaulte: »Aber wir lieben dich doch!«

Der Schulbus ist cool. Wie ein Reisebus mit weichen Sitzen und hohen Rückenlehnen. Es ist kein Doppeldecker, weil es in dieser Gegend nur wenige Kinder gibt, die auf die Bannerdale gehen. An der Haltestelle bin ich der Einzige in Bannerdale-Uniform, aber das ist okay.

Skyla Norkins ist die Einzige aus meiner Klasse, die sich auch für die Bannerdale entschieden hat. Sie ist auch ein bisschen anders. Alle anderen gehen auf die Hillside. Sie tragen rote Pullover mit dem Hillside-Emblem, aber was sie außerdem anziehen, können sie selbst entscheiden. Ich habe mal ein Mädchen mit zerschlissener Jeans, Turnschuhen und rosa Haaren gesehen, das einen Hillside-Pullover trug – der Schule ist es also egal, was man anzieht! Ganz anders auf der Bannerdale. Dort bekommt man angeblich schon Ärger, wenn das Hemd nicht richtig in der Hose steckt!

Um die neue Schuluniform zu kaufen, mussten wir in einem kleinen Sportgeschäft durch eine braune Tür ins Obergeschoss gehen. Ein komischer Ort, um eine Uniform zu kaufen, fand ich. Ich fragte Mum, ob sie mir eine Fälschung kaufen wolle. Sie lachte so schallend, dass ich ihre Zahnfüllungen sehen konnte, beantwortete die Frage aber nicht. Ich hatte das nicht scherzhaft gemeint. Wenn Mum lacht, bin ich manchmal verwirrt – lacht sie mit mir oder über mich? Sie hat jedenfalls nicht gelacht, als ich ihr meinen neuesten Witz Nummer eins erzählte.

Was sagt ein meditierendes Ei?
Ohhhhm-elett.

Ein meditierendes Ei, das kann doch nur witzig sein, oder? Ich zog ein dummes Hippie-Gesicht, als ich den Witz erzählte, und saß da, als wollte ich meditieren. Ich dachte, das würde zünden, weil sie Yoga macht und ständig versucht, mich zum Meditieren zu bringen, indem sie stumpfsinnige Hörbücher abspielt, in denen davon gesäuselt wird, dass man auf Wolken schwebt, und komische Musik im Hintergrund läuft. Sie sind absolut nicht entspannend. Ganz im Gegenteil. Sie machen mich rasend.

Bei dem Eier-Witz zerzauste sie bloß meine Haare. Sie schien nicht richtig zugehört zu haben. Vielleicht muss ich daran arbeiten, wie ich die Pointe rüberbringe. Ich versuche es mal bei meiner Großmutter – ich habe bisher alle meine Witze bei ihr ausprobiert.

Großmutter war total stolz, als sie mich zum ersten Mal in meiner Schuluniform sah. Die Schuluniform ist dunkelblau mit einem roten Kragensaum und dem Emblem von Bannerdale auf der Brusttasche. Es zeigt einen Pfau, und er ist wunderschön. Ich berühre ihn andauernd, um sicherzugehen, dass er noch da ist. Die Uniform fühlt sich steif und wichtig an. Und ich komme mir genauso wichtig vor, wenn ich sie trage.

Als Großmutter mich darin sah, dachte ich, sie würde gleich heulen. Sie griff mehrmals nach meiner Krawatte. »Das ist mal eine anständige Uniform mit anständiger Krawatte. Anders als diese jämmerlichen Hillside-Pullover. Die sehen so verlottert aus. Eine ordentliche Schule muss eine ordentliche Schuluniform haben, finde ich.«

Als ich an der Bushaltestelle warte, sehe ich, wie sich alle, die zum ersten Schultag auf der Hillside fahren, mit ihren »verlotterten« Pullovern im Bus drängen. Sie drücken ihre Hände auf die beschlagenen Fenster, und in den Kreisen, die freigerieben sind, kann ich bekannte Gesichter sehen. Sie wirken wie Gespenster. Die Mädchen aus der coolen Gang starren nur auf ihre Handys. Ash nickt mir kurz zu, als er meinen Blick bemerkt. Ich komme mir ein bisschen idiotisch vor, als hätte ich bei ihnen bleiben sollen, bei allen. So schlimm waren sie nun auch wieder nicht, und vielleicht waren sie sogar besser als das, was mich jetzt erwartet. Wer weiß?

Dann kommt mein Bus, und ich versuche, sie alle zu vergessen und wieder über mein neues Leben nachzudenken.

Im Bus sind jede Menge Plätze frei, und ich setze mich allein in die Mitte und schaue mich verstohlen um. Alles wie üblich – die lauten Kinder ganz hinten, die Streber ganz vorn. Mit der Schultasche auf den Knien in der Mitte zu sitzen ist ideal, wenn man nicht auffallen will. Die Grundschule war nicht ganz nutzlos. Sie hat mir einige sehr wichtige Lebensregeln beigebracht. So wichtig, dass sie es auf meine Pinnwand geschafft haben, damit ich mich daran erinnern kann, falls nötig.

WIE MAN UNBEMERKT BLEIBT

1. Nie der Erste sein

Man darf nie zu forsch sein. Chloe will immer alles als Erste tun und ganz vorn in der Reihe stehen, egal worum es geht. Als wir neulich beim Zahnarzt waren und die Dame fragte: »Gut, wer will zuerst?«, sprang Chloe auf und schrie: »ICH!«, als wäre es einfach gigantisch, wenn jemand in deinem Mund rumstochert. Ich hasse es, der Erste zu sein, ganz egal bei welcher Gelegenheit. Sollen andere die volle Aufmerksamkeit bekommen, denn wenn ich dann an der Reihe bin, interessiert sich kein Schwein mehr für mich. Nachdem sich der Zahnarzt alles angehört hatte, was Chloe über Einhörner zu erzählen weiß, hatte er keine Zeit mehr, mir auch noch Fragen zu stellen, ich musste also keinen Piep sagen.

2. Nie der Letzte sein

Letzter zu sein ist genauso blöd, wie Erster zu sein. Die Kinder, die zuletzt aus der Pause zurückkehren, und jene, die ihre Arbeiten als Letzte abgeben, fallen immer auf. Das sagt ja auch das alte Sprichwort: »Die Letzten werden die Ersten sein.« Will man das? Ich kann euch nur raten: Haltet euch in der Mitte.

3. Nicht laut niesen

Mein Dad macht beim Niesen immer total komische Laute. Mum lacht jedes Mal so schallend, als würde sie es zum ersten Mal hören. Ich finde das superoberpeinlich. Einmal hat Dad genau so geniest, als er mich von der Schule abholte, und alle haben es mitbekommen. Der nächste Tag war ein Albtraum, weil alle so taten, als müssten sie niesen! Eigentlich war das witzig, aber ich zog daraus die Lehre, niemals zu laut zu niesen.

4. Nicht rülpsen

In der Vierten stimmte mit Hattie Hislop irgendwas nicht, denn wenn sie rülpste, stank es immer nach fauligen Eiern. Jedes Mal, wenn sie rülpste, brach sie in Tränen aus, und alle wussten, dass man sich die Nase zuhalten musste. Es war der grauenhafteste Gestank auf dem ganzen Planeten, ehrlich. Irgendwann hörte es zwar auf, aber keiner hatte es vergessen. Viele benutzten es jahrelang für Was-wäre-dir-lieber-Fragen.

»Was wäre dir lieber? Zu rülpsen wie Hattie Hislop oder Fürze zu entlassen, die dir einen Stromschlag geben?«

»Was wäre dir lieber? Zu rülpsen wie Hattie Hislop oder Würmer als Finger zu haben?«

Und weil sich die Leute nicht entscheiden konnten, lautete die langlebigste Lieblingsfrage:

»Was wäre dir lieber? Zu rülpsen wie Hattie Hislop oder zu stottern wie Billy Plimpton?«

5. Nicht lachen – nicht zu oft oder besser gar nicht

Zu häufiges Lachen = verzweifelter Möchtegern
Nie lachen = total seltsam

Lily Cresswell lachte viel, und das ständig, meist über Dinge, die überhaupt nicht witzig waren. Als sie im Unterricht ein Gedicht über den Krieg vorlesen musste (das ganz klar nicht witzig gemeint war), begann sie zu kichern. Mrs Jackson war anzusehen, dass sie immer verärgerter wurde, aber Lily kicherte dann nur noch schlimmer.

Fraser Thompson lachte im Gegensatz dazu nie, und die anderen Kinder fanden das total seltsam und wetteiferten darum, ihn zum Lachen zu bringen. Aber gut, dank Lily und Fraser weiß ich, dass ich ihre Fehler nicht wiederholen darf.

6. Auf keinen Fall furzen

Das lässt dich keiner vergessen, nie und nimmer. Das muss ich wohl nicht erst erklären, denn diese Regel ist sicher jedem Kind auf diesem Planeten bekannt. Wenn man das siebte Lebensjahr hinter sich hat, ist es eine kolossale Katastrophe, im Unterricht zu furzen. Ich musste mal furzen, als wir Stillarbeit hatten, saß aber zum Glück neben Alma, die sowieso ständig furzt, vor allem bei Dehnübungen im Sportunterricht, und deshalb glaubten alle, sie wäre es gewesen. Ich fühlte mich ein bisschen mies, als sich alle die Nase zuhielten und so taten, als würden sie keine Luft mehr bekommen, aber nicht mies genug, um mich zu dem Furz zu bekennen.

Die Regeln eins bis sechs gelten für alle Elfjährigen an jeder Schule. Ihr könnt sie gern beherzigen und anwenden, falls nötig. Die siebte Regel ist die wichtigste und schwierigste. Und sie gilt nur für mich:

7. Nichts sagen

Alles, was auf dieser Liste steht, kann unerwünschte Aufmerksamkeit erregen. Ich will niemanden darauf aufmerksam machen, dass ich existiere, und Sprechen beschert mir die meiste Aufmerksamkeit.

Ich habe Sophie Bells Buch *Leben ohne Stottern* in der Tasche. Vielleicht hat es eine Antwort parat. Vielleicht steige ich wie neugeboren aus diesem Bus. Ich halte das Buch in beiden Händen, hole tief Luft, schließe die Augen und wünsche mir etwas. Anschließend schaue ich mich verstohlen um, aber niemand kann mich sehen; ich habe mich ganz klein gemacht. Weil ich nicht will, dass jemand sieht, was ich lese, habe ich das Cover abgenommen und durch das eines *Dragon Quest*-Buches ersetzt. Ich habe trotzdem Angst, dass irgendjemand mir über die Schulter schaut und mitliest. Aber als ich mich umdrehe, sieht niemand her, also entspanne ich mich und schlage die erste Seite auf.

Das Buch ist ziemlich langweilig. Es bietet keine Tricks oder Verhaltenstipps, sondern spricht bloß von »Selbstvertrauen«. Wie soll ich Selbstvertrauen entwickeln, wenn ich rede wie ein defekter Roboter? Jede Wette, dass Sophie Bell gar nicht stottert. Ich blättere die Seiten durch und schaue mir alle Kapitel an, aber nirgendwo gibt es Listen oder Fakten oder Regeln. Ich knalle das Buch zu, und daraufhin schaut ein Kind zu mir. Vielleicht sollte ich das meiner Wie-man-unbemerkt-bleibt-Liste hinzufügen:

8. Keine plötzlichen Geräusche/Bewegungen machen

Ich stopfe das Buch in meinen Rucksack. Es hat tatsächlich nichts zu bieten. Jedenfalls nichts, was ich auf dem Weg zur Schule lernen könnte. Ich hätte mir mit meinem Bücher-Gutschein besser das neue Buch von Rick Rhiordan kaufen sollen. Das ist der zweite Punkt, den ich von meiner Das-Stottern-loswerden-Liste streiche. Als Nächstes muss ich mich dem dritten Punkt widmen – dem Tee. Ich muss nur einen Laden finden, in dem er verkauft wird.

Eigentlich hatte ich gehofft, das Buch könnte mir einen Tipp geben, wie ich mich verhalten kann, wenn ich aufgerufen werde. Das liegt mir wirklich im Magen. Ich kann eine Woche schweigen, kein Problem – aber wenn ich aufgerufen werde, muss ich meinen Namen sagen. Ich habe mehrere Methoden vor dem Spiegel geübt. Aber ich glaube, das hat meine Nervosität nur verschlimmert. Der Druck.

Ist euch auch schon mal aufgefallen, dass es nie so richtig hinhaut, wenn man sich wünscht, dass irgendetwas auf eine bestimmte Art abläuft? Das ist meine größte Befürchtung, als ich aus dem Bus steige und zum ersten Mal die Bannerdale High School betrete.

Drei

*Warum warf der Junge seine Armbanduhr aus dem
Fenster des Klassenzimmers?*
Er wollte sehen, wie die Zeit im Fluge vergeht.

Ich habe das Klassenzimmer gerade erst betreten, da weiß
ich schon, dass ich mich vor ihm in Acht nehmen muss.
Nach einer Weile entwickelt man dafür einen siebten
Sinn. Er sitzt schräg und breitbeinig auf dem Stuhl, um
möglichst viel Platz einzunehmen. Seine Krawatte ist nur
lose gebunden, und ich weiß, dass er dafür Ärger bekommen wird, aber er gehört bestimmt zu der Sorte Jungs, denen Ärger egal ist. Er findet Ärger *super*. Wahrscheinlich
markiert er sich jeden Tag, an dem er Ärger bekommt, rot
in seinem Kalender.

Er pfeift und hält im Klassenraum Ausschau nach dem
ersten Opfer. Ich vermeide Augenkontakt und setze mich
möglichst weit von ihm weg. Skyla, die weiter hinten sitzt
und zeichnet, nickt mir kurz zu. In der Bannerdale-Uniform sieht sie nicht mehr so verlottert aus wie in der
Grundschule. Sie wurde oft ausgelacht, weil ihre Kleider
zu klein und ihre Haare total zerzaust waren. Ihre Uniform wirkt viel zu groß, ist aber sauber, und ihre Haare

sehen noch ein bisschen ungekämmt aus, aber nicht so schlimm wie früher.

Skyla kann irre gut zeichnen. In der Grundschule saß sie immer in jeder Mittagspause mit einem Skizzenbuch und Stiften in einer Ecke des Spielplatzes. Als Jack Rouse es ihr einmal abgenommen und durch die Gegend geworfen hat, konnte ich einen Blick auf diese echt umwerfenden Gesichter werfen, die sie gezeichnet hatte. Mit wunderschönen Augen, aber auch etwas unheimlich, fast wie Geister. Kurz darauf holte sie sich das Buch zurück, indem sie Jack Rouse eins auf die Nase gab. Skyla kümmert sich nicht darum, was andere über sie denken.

Ich überlege, ob ich mich zu ihr an den Tisch setzen soll, aber es ist keine gute Idee, mich neben ein Mädchen zu setzen, weil das zu viel Aufmerksamkeit erregen würde.

Außerdem habe ich ein bisschen Schiss vor Skyla, seit sie Jack eins auf die Nase gegeben hat. Deshalb setze ich mich neben einen Jungen mit schlaffen blonden Haaren, der ziemlich »normal« wirkt. Denn ich brauche jemanden, der mir als menschlicher Schutzschild dient. Jemanden, dessen Normalität die anderen von mir ablenkt und mich auch »normal« wirken lässt. Der blonde Junge schaut mich an.

»Hi«, sagt er locker und nimmt seine Tasche weg, damit ich mich setzen kann. Ich nicke und lächele, aber nicht zu viel, denn das könnte komisch wirken. Er plaudert weiter mit zwei Jungs, die am Tisch hinter uns sitzen. Sie scheinen sich alle gut zu kennen.

Als ich die Jungs mustere, mit denen er redet, frage ich mich, ob ich mir den richtigen Platz ausgesucht habe. Einer von beiden ist richtig groß. Und ich meine: RICHTIG groß. Das kann man erkennen, obwohl er sitzt. Mit seinen übereinandergeschlagenen Beinen und dem vorgebeugten Oberkörper sieht er aus wie eine Comicfigur. Der andere Junge sieht eigentlich ganz normal aus, aber er reibt seine Hände so schnell aneinander, als hätte er einen Tick. Außerdem wippt er unter dem Tisch mit den Knien, als müsste er einen Energieüberschuss abbauen.

Aber nun ist es zu spät, ich kann nicht mehr umziehen, also bleibe ich sitzen und tue so, als würde ich den Inhalt meines Rucksacks kontrollieren.

Ich habe einen Plan für den Moment, wenn ich aufgerufen werde. Während all der Jahre, in denen sich mein Spiegelbild und ich immer besser kennengelernt haben, bin ich auf vier unterschiedliche Methoden gekommen.

METHODEN ZU SPRECHEN, OHNE (ZU SEHR) INS STOCKEN ZU GERATEN

- **Flüstern**

Schwer zu sagen, warum, aber wenn ich flüstere, kann ich alles sagen, was ich will. Das funktioniert aber nur, wenn die Leute nahe genug sind. Zu Hause flüstere ich oft. Meine neueste Idee: Ich werde in ein Mikro flüstern, um auszutesten, ob meine Stimme laut genug ist. Vielleicht könnte ich dann den ganzen Tag ein verstecktes Mikro tragen. Wenn das klappen würde, könnte ich ein flüsternder Komiker sein! »Meine sehr verehrten Damen und Herren, bitte ein Begrüßungsapplaus für … BILLY, DIE FLÜSTERTÜTE!« Das klingt natürlich etwas schräg. Vielleicht ist es nicht meine allerbeste Idee.

- **Singen**

Würde ich in einem Opernhaus leben, wo jeder singt, anstatt zu sprechen, dann wäre alles in Butter, aber ich kann mich ja schlecht durch das Leben trällern, oder? Stellt euch mal vor, ihr geht in einen Laden und singt: »Bitte einen Mars-Riegel.« Die Leute würden denken, ihr hättet eine Schraube locker. Witze zu singen, ist ebenso merkwürdig, ich habe es probiert, und außerdem zünden sie dann nicht. Und meinen Namen zu singen, wenn ich aufgerufen werde – das wäre noch merkwürdiger.

- **Im Schlaf sprechen**

Das habe ich nicht vor dem Spiegel herausgefunden, klar. Mum hat es mir erzählt. Wenn Dad wegen seiner Arbeit unterwegs war, habe ich manchmal in Mums Bett geschlafen. Sie meint, ich spreche im Schlaf und das halte sie vom Schlafen ab. Sie hat mich mal mit ihrem Handy aufgenommen – es war zum Brüllen. Ich habe davon gequasselt, irgendetwas verkehrt herum in eine Mülltonne getan zu haben. Vollkommen sinnloser Quatsch. Im Schlaf habe ich aber nicht gestottert, das ist mir sofort aufgefallen.

Manchmal schlafwandele ich auch. Das treibt Mum und Dad in den Wahnsinn. Dad erzählt, er habe einmal spätabends Fernsehen geschaut, als ich ins Wohnzimmer wankte und dann wie ein Zombie dastand. Ich habe auch nicht reagiert, als er fragte: »Billy, altes Haus, was machst du denn hier?« Er musste mich wieder ins Bett bringen, und am nächsten Morgen hatte ich keine Erinnerung daran. Echt verrückt! Mum meint, es liege daran, dass sich mein Gehirn nie entspannt, weil es ständig arbeitet. Das verstehe ich nicht. Denn ich habe das Gefühl, dass ich mich oft entspanne, zum Beispiel wenn ich mit Groß-mutter *Unser Blauer Planet* schaue oder meine liebsten Witze-Bücher lese. Sie scheint zu glauben, jeder müsste entspannen wie sie, mit Kerzen und einer Zeitschrift in der Badewanne.

Würde ich doch nur schlafen, wenn ich aufgerufen werde.

• Trommeln

Wenn ich auf meinen Knien einen Rhythmus trommele und die Wörter im Takt dazu spreche, stottere ich oft weniger. Vor einigen Jahren habe ich das ständig gemacht, aber nach einer Weile klappte es nicht mehr so gut. Des-halb habe ich immer mehr und immer heftiger getrommelt, damit es wieder funktionierte. Irgendwann meinten Mum und Sue, es sei »vielleicht eine gute Idee, das Trommeln sein zu lassen«. Mum sagte: »Du klingst wie ein Computer, Billy, und du siehst aus, als hättest du motorische Probleme.« Sie fanden es schlimmer als das Stottern. Das Gute an der Sache war, dass ich merkte, wie GERN ich trommele. Seitdem übe ich ständig meine Beats und finde, dass ich ziemlich gut bin. Ich hätte gern ein richtiges Schlagzeug, aber Mum sagt: »Nie und nimmer!«

Das sagt sie übrigens sehr oft:

»Mum, können wir einen Hund haben?«

»Nie und nimmer!«

»Mum, darf ich zum Frühstück Eis essen?«

»Nie und nimmer!«

»Mum, bekomme ich zum Geburtstag ein Schlagzeug?«

»Nie und nimmer!«

Nachdem ich alle Möglichkeiten vor dem Spiegel durchgegangen war, entschied ich mich gemeinsam mit meinem Spiegelbild für eine Kombination zweier Methoden: Ich hebe die Hand, flüstere »Ja, Sir« und räuspere mich dann, als hätte ich einen Frosch im Hals. Das Räuspern erklärt das Flüstern, und ich denke, damit komme ich durch. Im Spiegel sah es überzeugend aus. Ich weiß zwar nicht, ob ich das ständig machen kann, aber beim ersten Mal sollte es klappen.

»William Blakemore?« Der Lehrer hat begonnen, die Namen aufzurufen.

Der Junge mit der losen Krawatte sagt: »Ja, was gibt's?«
Alle lachen. Der Lehrer betrachtet ihn, als wollte er
ihm das nicht durchgehen lassen, macht dann aber weiter. Nun weiß ich, dass ich mich vor William Blakemore
tatsächlich in Acht nehmen muss. Ich muss gut aufpassen.

Der Nächste ist Matthew Coombes, die hinter mir sit-
zende Bohnenstange. Der Zappelphilipp heißt Josh Day
und mein Tischnachbar Alex Kirby. Alex hat irgendein
Ding aus Plastik in seinem Ohr. Ich frage mich, ob er
Musik hört, obwohl es eigentlich nicht wie ein Kopfhörer
aussieht. Wenn ich ordentlich reden könnte, würde ich
ihn fragen.

Als der Lehrer schließlich zu meinem Namen kommt,
laufe ich knallrot an. Ich setze meinen Plan in die Tat um
und glaube, es funktioniert ganz gut, niemand scheint
aufzuhorchen. Nach dem Flüstern und dem Räuspern
sehe ich mich um, aber keiner starrt mich an. Besser geht's
nicht! Ich lächele in mich hinein. Vielleicht hat sich das
viele Üben vor dem Spiegel tatsächlich gelohnt. Ich seufze
erleichtert und konzentriere mich auf den Unterricht. Ab
jetzt werde ich den ganzen Tag kein Wort mehr sagen und
die Flüster-Räusper-Methode anwenden, wenn man mich
aufruft. Vielleicht wird auf der weiterführenden Schule ja
doch alles gut!

Den übrigen Vormittag verbringe ich damit, mit dem
Stundenplan in der Hand durch die Flure zu latschen. Die
größte Schwierigkeit daran, ein »Bannerdale-Junge« zu
sein (meine Großmutter beharrt darauf, mich so zu nen-

42

nen), besteht darin, dass ich mich in der Schule nicht aus-
kenne. Die Räume sind echt komisch nummeriert. Kunst
wird in R1 unterrichtet, Erdkunde in E11. Ich habe keine
Ahnung, was R und E zu bedeuten haben. Wenn ich hier
das Sagen hätte, würde ich die Buchstaben abschaffen.

Die Zehntklässler sollen sich um uns »kümmern« und
uns helfen, wenn wir uns verlaufen. Sie bemerken mich
aber nicht, weil sie in großer Runde quatschen und lachen. Das passt mir gut, denn das Letzte, was ich brauche,
ist irgendein Zehntklässler, der mich mit Fragen löchert,
während ich nach einem Vorwand suche, sie nicht beantworten zu müssen. Also irre ich herum, bis ich das Klassenzimmer gefunden habe. Als ich eine Viertelstunde zu
spät zum Spanischunterricht erscheine, winkt mich die
Lehrerin nur herein und sagt etwas auf Spanisch. Ich setze
mich und schaue konzentriert in meinen Rucksack. Ich
kann spüren, dass mich alle anglotzen.

Ich habe einen neuen Rucksack für meine Bücher bekommen. Er ist echt cool. So groß, dass mein Kopf hi-
neinpasst. Ich stecke ihn natürlich nicht hinein, denn wenn
ich das täte, würden die anderen noch mehr glotzen. Der
Rucksack ist schwarz, hat ein Muster aus kleinen grauen
Quadraten, die wie Pixel aussehen, und jede Menge
Taschen.

Als ich in der ersten Geschichtsstunde panisch in allen
Fächern wühle, weil ich meinen Stift nicht finde, reagiert
die Lehrerin, Mrs Nice, sehr nett. Ihre Augen sind von
Falten umgeben, wodurch sie aussieht, als würde sie im-

43

mer lächeln. Sie ahnt, was mein Problem ist, und legt mir wortlos einen Kugelschreiber auf den Tisch.

Ein guter Name für eine Lehrerin, finde ich. Mrs Nice. Ich glaube, ich lege eine neue Liste an: Gute Namen für Lehrer und Lehrerinnen. Wir hatten einen Grundschullehrer namens Mr Friend. Dieser Name steht natürlich ganz oben auf der Liste. Das bedeutet aber auch, dass ich eine weitere Liste anlegen muss: Schlechte Namen für Lehrer und Lehrerinnen. Dad hatte mal einen Lehrer namens Mr Furzel, den alle nur Mr Furz nannten. Die letzte Silbe sagten sie immer ganz leise, aber doch so laut, dass sie keinen Ärger bekommen konnten. Ich finde, wenn man so heißt, sollte man sich überlegen, ob man tatsächlich Lehrer werden will.

Bei William Blakemore lag ich übrigens richtig. Er macht in jeder Stunde Unsinn oder ruft irgendwas rein. Ich merke, dass die Lehrer genauso vor ihm auf der Hut sind wie ich. Ich tue alles, um ja nicht in seiner Nähe zu sitzen. Wenn er schon am ersten Schultag so drauf ist, kann es nur schlimmer werden. Als wir uns nach der Mittagspause wieder setzen und nochmals aufgerufen werden, spielt Blakemore mit den Federmappen einiger Mädchen herum, die kreischen, er solle das lassen. Zappel-Josh geht an mir vorbei zu seinem Platz und bemerkt meinen Blick.

»Blakemore ist ein echter Mistkerl«, flüstert er. »Ich war mit ihm auf der Grundschule, ich muss es wissen.«

Ich nicke nur und setze eine bedauernde Miene auf.

Ich glaube, Josh ist noch nicht aufgefallen, dass ich nie etwas sage.

Der Räusper-Flüster-Trick funktioniert auch jetzt. Nach dem Mittagessen haben wir in der Stunde mit unserem Klassenlehrer noch etwas Zeit, weil die Briefe und Stundenpläne schon am Vormittag verteilt wurden, und deshalb erzählt uns Mr Osho ein bisschen was über sich selbst. Er spielt Trompete und hat einen Mops namens Terence. Er hat seine Trompete mitgebracht, um sie uns zu zeigen. Ich finde es schön, sie in der Hand zu halten, denn sie ist kalt und glatt, und es fühlt sich gut an, die Ventile zu drücken. Das Instrument ist viel schwerer, als ich dachte. Mr Osho ist Jazz-Fan und leitet jeden Mittag einen Klub namens *Mr Oshos Music Lounge*, in dem man Musik hören und Brettspiele spielen kann. Ich überlege, ob ich mal hingehe.

Ich denke gerade, wie gut mein erster Tag läuft, als ich ihn sagen höre: »Nun wisst ihr alle etwas über mich, und ich würde gern mehr über euch erfahren.«

O Gott, ich ahne Schreckliches.

»Ich möchte«, fährt er fort, »dass ihr am kommenden Montag einen Gegenstand mitbringt, der etwas über euch aussagt.« Ich bin wie versteinert und starre ihn an. »Ich gebe euch ein paar Tage Zeit, damit ihr darüber nachdenken könnt, was ihr erzählen wollt. Beschreibt den anderen, was euch … ausmacht.«

So weit darf es nicht kommen, auf gar keinen Fall. Die ganze Klasse würde nach wenigen Worten wissen, was mich AUSMACHT. Ich muss um jeden Preis stumm bleiben! Ich darf nicht »zeigen und erzählen«!

Ich sollte die Wahl haben, richtig? Wie in der Grundschule, als Ash sich weigerte, ein Schweineauge zu sezieren, und das auch nicht tun musste. Diese Präsentation ist für mich wie das Schweineauge. Niemand kann mich zwingen, etwas zu erzählen, wenn ich nicht will. Ich schiebe plötzlich Panik und würde am liebsten brüllen: »Nein! Sie können mich nicht zwingen! Ich tue das nicht!« Aber das darf ich natürlich nicht laut sagen. Also senke ich den Kopf und schüttele die geballten Fäuste.

Es wird mir nicht gelingen, auf der Bannerdale ein neuer Mensch zu werden. Nicht, wenn ich erzählen muss, was mich ausmacht, bevor ich die Chance hatte, mein Stottern loszuwerden.

Ich brauche einen neuen Plan.

Vier

Warum lehnte der Teddybär den Apple Crumble ab?
Weil er schon so vollgestopft war.

Wir sind bei meiner Großmutter zum Tee eingeladen, um meinen ersten Tag als »Bannerdale-Junge« zu feiern. Sie hat meinen Lieblingskuchen gebacken, einen Apple Crumble. Früher nannten wir sie immer »Oma«, aber als wir vor einigen Jahren in einem Restaurant waren, um Dads Geburtstag zu feiern, musste Chloe schrecklich kichern, als meine Oma dem Kellner zu verstehen gab, dass sie ihr Brot nicht ohne ein ordentliches Stück Butter essen könnte, woraufhin dieser ihr eine ganze Packung Butter an den Tisch brachte. Und weil sie das so komisch fand, heißt unsere Oma jetzt nur noch Großbutter.

Ich habe Großbutter jeden Dienstag nach der Schule besucht, und sie kommt immer am Sonntag nach meinem Fußballspiel zu uns.

Nach dem Crumble quetschen wir uns alle auf das Blümchensofa, trinken Johannisbeersaft und gucken eine alte Folge von *Doctor Who*. Mum hält Chloe die Augen zu, wenn es zu gruselig wird. Eine der jugendlichen

Schauspielerinnen sieht meiner Schulkameradin Skyla unglaublich ähnlich.

»Sie sieht aus wie das verlotterte Mädchen aus deiner Klasse, Billy, wie heißt sie noch?«, meint Großbutter.

»SSSkyla.«

»Ist doch schön, dass ihr beide an der neuen Schule seid. Dann gibt es wenigstens ein vertrautes Gesicht, nicht wahr?«

»I-irgendwie schon«, sage ich. »Heute habe ich a-aber nicht so richtig mit ihr g-gesprochen.« Ich verschweige, dass ich mit niemandem so richtig gesprochen habe.

Aus irgendeinem Grund stottere ich nicht so sehr, wenn Großbutter dabei ist, vor allem wenn wir allein sind. Mum hat mich immer am Dienstag nach der Schule bei ihr abgesetzt und Chloe dann zum Turnen gefahren. Wir haben Karten gespielt: Canasta und Rommé. Nun gehe ich auf die Bannerdale, und Dad ist zu Hause, und deshalb weiß ich nicht, ob ich sie noch so oft besuchen kann. Aber ich hoffe es.

Großbutter schaut mir immer direkt in die Augen und hört auch aufmerksam zu. Sie ist eine Abwartende, eindeutig. Aber ihre Augen und Ohren »lassen nach«, meint sie, und deshalb muss sie sich mächtig auf das konzentrieren, was ich sage.

Sie hat immer allein gelebt, jedenfalls seit ich auf der Welt bin. Mein Großvater starb kurz vor meiner Geburt. Sie meint, er sei »ein richtig alter Miesepeter« gewesen. Ich schätze also, sie vermisst ihn nicht besonders. Andererseits glaube ich schon, dass sie einsam ist, wenn sie allein in ihrer überheizten Wohnung sitzt. Ich frage mich, was sie den lieben langen Tag macht. Ich glaube, unsere Dienstage gefallen ihr sehr.

Nach dem Kartenspielen legen wir meistens eine Kassette mit ihrer Lieblingsmusik ein, trinken Tee und essen etwas, und danach schauen wir *Unser Blauer Planet*. Die zweite Folge, die mit Dumbo Oktopus, gefällt uns am besten. Er heißt so, weil er riesige Ohren hat (wie Dumbo, der Elefant), mit denen er fliegt. (Er fliegt natürlich nicht, klar, sondern schwimmt, aber es sieht wirklich so aus, als würde er fliegen.)

Großbutter ist jedes Mal hin und weg. »Ein skurriles Geschöpf, was, Billy? Aber wunderschön. Die skurrilsten sind die wunderbarsten, meinst du nicht auch?«

Es tut gut, wenn mich jemand anguckt wie Großbutter. Wenn jemand alles stehen und liegen lässt, mich anschaut und mir zuhört. Nicht wie Mum, die Tee kocht, Radio hört und Chloe beim Buchstabieren hilft, alles auf einmal macht und trotzdem so tut, als wäre sie daran interessiert, was ich zu sagen habe. Auch wenn mich jemand anschaut, stottere ich natürlich, aber es ist schön, das Gefühl zu haben, dass man mir zuhört.

Großbutter LIEBT meine Witze. Bei jedem Wiedersehen erzähle ich ihr einen neuen. Sie ist das absolut beste Publikum. Ohne mein beklopptes Stottern würde ich ein Komiker werden. Das habe ich nur Großbutter gestanden, sonst niemandem. Wenn mir jemand die dämliche Frage stellt »Was willst du werden, wenn du groß bist?«, eine Frage, die jeder Erwachsene stellt, antworte ich: »Buchhalter.« Damit geben sich fast alle zufrieden. Einmal habe ich es mit »Busfahrer« versucht, wurde dann aber mit Fragen zu Bussen und Autos bombardiert, und die interessieren mich nicht die Bohne. Also habe ich Mum gefragt, was der todlangweiligste Job auf der Welt ist. Ich weiß gar nicht so genau, was Buchhalter tun – Mum meint, sie müssen viel rechnen. Das finde ich nicht langweilig, denn Mathe ist mein bestes Fach, aber es funktioniert. Stellt euch mal vor, was für ein Gesicht die Leute ziehen würden, wenn ich sagte: »Ich w-w-w-will K-K-K-K-Komiker w-w-w-werden.«

Ich erinnere mich noch ganz genau an den Moment, als mir klar wurde, dass ich mir diesen Traum für immer aus dem Kopf schlagen muss. Großbutter und ich machten es uns an einem unserer Dienstage nach dem Essen auf dem Sofa gemütlich, um *Unser Blauer Planet* zu schauen. Als wir den Fernseher einschalteten, war ein Komiker auf Sendung, der beschrieb, wie sein Hund aus der Kloschüssel getrunken hat. Ich hatte noch nie einen Komiker im Fernsehen gesehen, wusste nicht mal, dass es ein richtiger Beruf ist. Er erzählte keine Witze wie die aus meinen Büchern, sondern redete unglaublich komisch über seine Erlebnisse. Das Publikum war groß, die Leute lachten sich schlapp und wischten sich Tränen aus den Augen, während er vor einem prächtigen roten Samtvorhang auf der Bühne stand. Ich konnte es kaum fassen.

Als ich mit Großbutter auf dem Sofa saß, stellte ich mir vor, wie dieser Mann auf der Bühne zu stehen und alles zu sagen, was mir einfiel, ohne dabei ins Stocken zu geraten. Und das Publikum würde jubeln. Aber das kann ich abhaken. Ich darf mir keine Hoffnungen machen, weil es unmöglich ist. Ich ärgerte mich, daran gedacht zu haben. Großbutter spürte, dass ich aufgewühlt war.

»Ich möchte erleben, wie du das eines Tages tust, Billy«, sagte sie. »Deine Witze erzählst und die Leute zum Lachen bringst. Das will ich zu meinen Lebzeiten noch erleben. Das würde mich so richtig glücklich machen.«

Ich gab ihr das fingerhakelnde Versprechen, genau das zu tun. Ein Auftritt für sie allein. Sie sah mir in die Augen und kicherte, als ich ihr eine Hand hinhielt und ihr zeigte, wie sie ihren runzeligen kleinen Finger um meinen kleinen Finger biegen musste. Danach sagte ich so oft »Versprochen ist versprochen und wird auch nie gebrochen«, bis sie einstimmte, und wir wiederholten die Worte immer lauter, bis wir uns vor Lachen bogen.

»Oh, Billy, wir sind schon ein prima Paar, nicht wahr?«, sagte sie und wischte eine Träne unter ihrer Brille weg. Ich liebe Großbutter so sehr. Manchmal wirkt sie wie ein kleines Mädchen, weil sie bei bestimmten Anlässen total aus dem Häuschen ist. Deshalb *muss* ich mein fingerhakelndes Versprechen halten, komme, was wolle. Ich weiß zwar nicht, wie ich einen Auftritt für sie auf die Beine stellen soll, aber ich werde es tun, selbst wenn er nur in ihrem überheizten Wohnzimmer stattfindet.

Danach begann ich, auf YouTube-Auftritte von Komikern zu gucken. Es gibt irre viele, und was sie da machen, ist tatsächlich ihr Beruf, sie verdienen damit ihren Lebensunterhalt. Als ich das sah, wollte ich erst recht Komiker werden.

Heute Abend versuche ich, meinen neuesten Witz in das Gespräch einfließen zu lassen, ohne dass sie es merkt. Wenn man jemanden mit einem Witz überraschen kann, ist das immer am besten. Vor allem, wenn Großbutter dieser Jemand ist.

»Großbutter, weißt du was?«, frage ich so beiläufig wie möglich.

»Was ist denn, mein Süßer?«, sagt sie und schaut mir über ihre Brillengläser direkt in die Augen.

»Llletzte Nacht habe ich g-geträumt, von einer Gämse in den A-Abgrund gestoßen zu werden …«

»Ach, du liebe Güte, liegt das vielleicht an den vielen Folgen von *Unser Blauer Planet*?«

»Nein, i-ist schon gut. A-als ich aufgewacht bin, habe ich kapiert, d-dass es nur ein Alpentraum war.«

Sie lacht so herzhaft, dass ich befürchte, sie könnte am Crumble ersticken. Dann fühle ich mich plötzlich ganz mies bei dem Gedanken, meine Witze könnten Großbutter das Leben kosten.

Der WAS-MICH-AUSMACHT-Vortrag, dem ich um jeden Preis entgehen muss, fällt mir erst wieder ein, als ich zu Hause bin. Höchste Zeit für eine neue Liste:

MÖGLICHKEITEN, DEM WAS-MICH-AUSMACHT-VORTRAG ZU ENTGEHEN

- Am Montagmorgen kotzen oder so tun, als ob.
- Mir vierundzwanzig Stunden vor dem Vortrag einen Knochen brechen.
- Kurz vor der Stunde in der Schule Großalarm auslösen.
- Einen Leserbrief an die Lokalzeitung schreiben, in dem ich erkläre, dass die Schule mein Leben zerstört. Das wird zur Gründung einer Bürgerinitiative führen, die am Montagmorgen vor der Schule aufmarschiert, Plakate schwenkt und Parolen brüllt, bis die Schulleitung einknickt.
- Meine eigene Entführung vortäuschen.
- Wegrennen.

Schon klar, dass einige dieser Ideen etwas unrealistisch sind und manche sogar übertrieben, aber ich kämpfe hier ums nackte Überleben. Vielleicht sollte ich aber erst mal Mum bitten, Mr Osho davon zu überzeugen, mich nicht dranzunehmen. Das klingt vernünftiger. Nach dem grauenhaften Krippenspiel, das mir Weihnachten verdorben hat, erklärte Mum meinem Lehrer, dass sie mich nicht zwingen werde, beim Osterspiel aufzutreten, wenn ich das nicht wolle. Natürlich wollte ich das nicht und kümmerte mich stattdessen um die Musik. Das fand ich gut. Mum wird also einsehen, dass der WAS-MICH-AUSMACHT-

Vortrag keine gute Idee ist. Ich muss ihr nur vor Augen führen, wie schlimm das für mich wäre.

Ich habe auch schon folgenden Plan: Im Laufe der nächsten Tage werde ich immer stiller und höre auf, Nachtisch zu essen. Da ich Nachtisch LIEBE, wird Mum genau wissen, dass es ein RIESIGES Problem gibt. Und wenn sie fragt, was los ist, werde ich sagen: »Ich weiß auch nicht.« So mache ich weiter, bis sie beginnt, sich Sorgen zu machen. Nach einer Weile wird sie Vermutungen anstellen. Wenn sie die Schule erwähnt, werde ich zusammenzucken, mein Gesicht mit den Händen bedecken und den Kopf hängen lassen, und dann wird sie wissen, dass sie auf der richtigen Fährte ist.

Und das Beste an der Sache: Wenn sie mir die Wahrheit endlich aus der Nase gezogen hat, wird sie von selbst beschließen, dass ich vom WAS-MICH-AUSMACHT-Vortrag befreit werden muss! Sie wird eine Entschuldigung schreiben, die ich dann am Montag mitnehme. Und ich werde leise und traurig murmeln: »Tja, w-wenn du meinst, d-dass es so am besten ist«, und mich an ihre Hand klammern, während sie kocht.

Bei dem Gedanken an meine Superidee geht es mir schon wieder besser. Manchmal braucht man bloß einen Plan.

Fünf

Warum machen Fürze in keinem Job Karriere?
Weil sie immer entlassen werden!

Ich wurde enttarnt. Ich wusste, dass es irgendwann passiert, hatte aber gehofft, es würde noch dauern. Bislang habe ich im Unterricht immer nur »Ja, Sir« gesagt, wenn Mr Osho die Anwesenheitsliste abgehakt hat. Sechs Wörter an einem Schultag. Ich bin seit zwei Tagen an der Schule, habe also bisher zwölf Wörter gesagt. Ja, ja, ich weiß, was ihr denkt … »Dieser Junge ist ein echtes Mathe-Genie!« Ich weiß, ich weiß. Außerdem denkt ihr sicher, ich würde ungeschoren davonkommen, weil mir bloß zwölf Wörter über die unfähigen Lippen gekommen sind. NEIN. So funktioniert die Schule offenbar nicht.

An diesem Morgen, am dritten Tag, sitze ich wieder neben Alex. Während wir auf das Klingeln warten, trommele ich lautlos mit den Stiften auf meinen Knien. Zum Fenster gewandt, damit es keiner sehen kann. Ich trommele wie besessen, so besessen, dass meine Oberschenkel wehtun, aber das mag ich. Ich übe die Grundrhythmen. Sie sind gewissermaßen das Fundament des Schlagzeugs.

Ich schaue mir im Internet oft diverse Schlagzeug-

Rhythmen an und übe sie dann mit Stiften. Bis Mum ihre Meinung zu einem Schlagzeug in unserem Haus ändert, muss ich eben mit anderen, nicht ganz so lauten Dingen üben. Ich dachte immer, Eltern würden das musikalische Talent ihrer Kinder fördern. Könnte ja sein, dass ich ein Wunderkind bin, nur werde ich das leider nie herausfinden. Jedenfalls nicht mit den Stiften.

Ich blicke auf, als Mr Osho »Billy Plimpton« ruft, seiner Stimme nach zu urteilen zum zweiten oder dritten Mal. Ich war so ins Trommeln vertieft, dass ich weder das Klingeln gehört noch gemerkt habe, wie er das Klassenzimmer betreten hat. Ich denke nicht mehr an meine Flüster-Räusper-Taktik, verfalle in Panik und stoße die Wörter »J-ja, SSSir« halb singend und halb stotternd hervor. Das ist keine Antwort, sondern eine Katastrophe. Alle kichern, und meine Ohren glühen.

Während des Matheunterrichts merke ich, dass William Blakemore mich beobachtet. So wie ich einen siebten Sinn für Mobber habe, hat er einen siebten Sinn für potenzielle Opfer, und dieser Sinn hat sich gerade bei ihm gemeldet. Als es zur Mittagspause klingelt und alle aufstehen, wirbelt er herum und verstellt mir den Weg zur Tür.

»Wie heißt du noch gleich?«, fragt er fordernd. *Er weiß es. Er hat es geschnallt.* Die Zeit stockt. Ich habe ein Problem. Ich darf weder weglaufen noch antworten. Einige sind noch dabei, ihren Kram einzupacken, manche beobachten uns. Sie wissen, dass Blakemore ein Mistkerl ist, und sind vermutlich froh, dass er nicht sie auf dem

Kieker hat. Ich warte so lange wie möglich, und als klar ist, dass ich irgendetwas tun MUSS ... zucke ich mit den Schultern.

Ich weiß, ich weiß! Schulterzucken ist nicht optimal, wenn man nach dem Namen gefragt wurde, aber mir bleibt keine andere Wahl! Und als er sich noch größer macht, ganz klar hocherfreut über seine Entdeckung, spüre ich eine Hand auf meiner Schulter und höre eine laute, deutliche Stimme.

»Er heißt Billy Plimpton.« Es ist Skyla! »Komm, Billy, wir gehen.« Sie bugsiert mich aus dem Klassenzimmer und in den Flur, bevor Blakemore sie aufhalten kann. Ich will mich zu ihr umdrehen und mich bedanken, aber da huscht sie schon im Flur davon. Ich seufze laut vor Erleichterung, als ich mich in Richtung Mensa in Bewegung setze, weiß aber, dass dies nur der Anfang war. Er kennt jetzt meinen Namen, *und* ich wurde von einem Mädchen gerettet. Das passt einem Typen wie Blakemore nicht. Aber wenn es mir gelingt, ihm den restlichen Tag aus dem Weg zu gehen, wird er sich vielleicht ein neues Opfer suchen und mich vergessen.

Ich setze mich allein in die hinterste Ecke der Mensa und schlinge das Essen möglichst schnell hinunter, wobei ich mich hinter dem gefälschten *Dragon Quest*-Buch verstecke. Ich lese kein Wort, sondern halte über den Rand Ausschau nach Blakemore. Er ist entweder so sehr damit beschäftigt, andere zu mobben, dass er keine Zeit zum Essen hat, oder ich habe ihn übersehen.

Nachdem ich die Pommes frites in mich hineingestopft habe, zische ich ab. Der Flur kommt mir noch riskanter vor als der Winkel in der Mensa, und ich würde mich am liebsten sofort wieder hinter meinem Buch verstecken. Überall Kinder, große Schüler, die in Gruppen zusammenstehen und einander aus Spaß herumschubsen. Ich sehe mich im Flur ständig nach Blakemore um, aber es gibt so viele Gruppen und große Schüler, dass ich nicht alle Türen im Blick behalten kann. Ich muss einen besseren Ort finden, um Ausschau zu halten, einen sicheren Ort.

Als ich am Theater vorbeilaufe, wird mir bewusst, dass ich hier noch nicht gewesen bin. Als wir im letzten Jahr durch die Schule geführt wurden, wurde es gerade renoviert, und wir durften nicht hinein. Ich schaue durch das kleine Fenster in der Tür und kann die Bühne sehen. Das Theater ist verwaist, also schaue ich mich hastig um und schlüpfe dann hinein. Der Saal ist gigantisch und riecht anders als alle anderen Räume der Schule. Er ist prachtvoll. Ich fühle mich sofort um Längen besser. Mein Gefühl sagt mir, dass dies ein sicherer Ort ist.

Die roten Samtvorhänge sehen so aus wie bei dem Komiker aus dem Fernsehen. Sie werfen schwere Falten und haben einen goldenen Saum. Ich drücke die Sitzfläche eines Stuhls in einer mittleren Reihe nach unten, setze mich und betrachte die Bühne und stelle mir die Menschen vor, die dort aufgetreten sind. Dann male ich mir aus, wie ich tiefenentspannt auf die Bühne gehe. Deutlich spreche. Den Auftritt genieße.

»Mein Dad sagt immer: ›Bekämpfe Feuer mit Feuer‹«, spricht mein imaginäres Ich in das Mikro, während es über die Bühne schreitet und das Publikum an seinen Lippen hängt. »Ich nehme an, deshalb wurde er aus der Feuerwehr entlassen!« Das Publikum ist begeistert, die Leute brüllen vor Lachen, sie sind hingerissen von meinem imaginären Ich. Und ich auch. In Gedanken fahre ich fort: »Neulich habe ich meinem besten Freund einen richtig stabilen Baseballschläger geschenkt. Und wisst ihr, was? Der hat ihn glatt umgehauen.«

Ich lächele in mich hinein, spüre, wie sich mein Puls beruhigt und meine Schultern sich entspannen. Hier ist es so still. Ich schließe die Augen und sauge den Geruch ein. Fast kann ich die Wärme des Publikums spüren, gedämpftes Lachen hören. Applaus. Da klingelt es wieder zum Unterricht, und ich werde aus meinem Tagtraum gerissen.

Als ich zur Tür gehe, um in die Realität zurückzukehren, sehe ich durch das Fenster, wie Blakemore vorbeiläuft. Ich ducke mich und bete, dass er mich nicht gesehen hat. Mein Herz rast. Ich ziehe den Kopf ein. So habe ich mir den Alltag auf der Bannerdale nicht vorgestellt: im Versteck, verängstigt, einsam.

Zu Hause esse ich keinen Nachtisch. Und heute gibt es sogar Eis. Mum schaut mich verdutzt an, als ich das Schälchen kopfschüttelnd wegschiebe, denn sie weiß, dass ich Himbeereis am liebsten mag. Obwohl ich überzeugt bin, dass mein Nachtisch-Plan funktionieren wird, muss ich

so viel an Blakemore denken, dass ich mich kaum konzentrieren kann.

Als ich im Bett auf die Uhr schaue, ist es Mitternacht,
doch in meinem Kopf jagt immer noch ein Gedanke
den anderen. Als ich endlich einschlafe, träume ich von
Blakemore, der mit dem Finger auf mich zeigt und höhnisch lacht. Ich halte meinen WAS-MICH-AUSMACHT-
Vortrag. Mr Osho und die ganze Klasse sind anwesend,
alle lachen mich schallend aus. Ich fahre ruckartig aus
dem Schlaf auf.

Sechs

Was liegt auf dem Meeresgrund und zittert ständig?
Ein nervöses Wrack.

Wir setzen Chloe bei der Schule ab und fahren weiter zu meiner Sprechtherapie. Wirklich komisch, meine ehemalige Grundschule wiederzusehen. Sie wirkt so klein! Seitdem ich nicht mehr dorthin gehe, habe ich das Gefühl, ein vollkommen anderer Mensch zu sein.

Chloe ist in der dritten Klasse, und Mum besucht immer noch regelmäßig die Unterrichtsstunden, um sich anzuhören, wie sie vorliest. Ich bin heilfroh, dass ich diese Tortur los bin. Es war das reine Grauen. Laut vorlesen! Früher kam freitags immer eine Dame vorbei, die uns zuhörte. Sie trug zig Tücher, die sie kunstvoll ineinander verschlungen hatte, und Klunker-Ohrringe, die ihre Ohrläppchen nach unten zogen. Wenn ich stockte, gab sie mir Tipps wie: »Erst mal tief Luft holen« oder »Immer langsam«. Das sollte hilfreich sein, machte aber alles noch schlimmer. Ähnlich ist es, wenn Dad sagt: »Immer mit der Ruhe«, weil Mum gestresst ist, weil sie es eilig hat oder weil sie das Haus für Gäste putzen muss. Dann rastet sie aus. »Immer mit der Ruhe! Anstatt mir kluge Ratschläge zu geben, solltest du mir lieber helfen, du blöder Besserwisser.« *Immer mit der Ruhe* ist der vollkommen falsche Rat für jemanden im Stress. Andererseits ist es natürlich genau das, was man beherzigen sollte! Menschen sind echt seltsam.

Als Mum wieder ins Auto steigt, sagt sie: »Gut, weiter geht's, kleiner Mann.« Und dann flüstert sie: »Sollen wir hinterher beim Café halten?« Ich lächele und nicke, als sie den Motor startet.

Nach den Therapiestunden essen wir im Café *Tastebuds* immer ein getoastetes Rosinenbrötchen mit Butter. Mum nennt das eine kleine »Sünde«, aber genau deshalb schmeckt das Brötchen so gut, finde ich. Wenn ich eine schwierige Stunde hatte und oft ins Stocken kam, spendiert sie mir sogar eine heiße Schokolade.

Nach meiner allerersten Therapiestunde verschwand das Stottern eine ganze Woche. Mum war richtig aus dem Häuschen. Sie glaubte, ein Wunder wäre geschehen. Ich glaubte das irgendwie auch. Bis sich das Stottern nach sieben Tagen wieder einstellte. Das ist das wirklich Komische am Stottern (jedenfalls an meinem) – es kann eine Weile komplett verschwinden, und ich denke, alles wäre jetzt in Butter. Und dann – *ZACK* – ist es wieder da, aber so richtig. Wie der gemeinste Streich, an den man denken kann.

Das Schlimme ist, dass ich mir diesen Streich *selbst* spiele. Mein Gehirn ist furchtbar gemein zu sich selbst. Ich kann niemand anderem die Schuld geben. Weder

Mum noch Chloe noch einem Schwimmbad. Manchmal bin ich stinksauer auf den Teil meines Gehirns, der mich stottern lässt. Dann befehle ich ihm: »Lass das! L-l-lass das! Du sollst e-e-endlich damit aufhören!« Das sage ich natürlich nicht laut. Aber ich stelle mir vor, es zurechtzuweisen und es in die Wüste zu schicken.

Einmal erzählte ich Sue: »Ich w-w-würde diesem Teil meines Gehirns am lllllliebsten befehlen, mich i-in Ruhe zu lassen.«

Sue war daraufhin ganz aufgeregt. »Eine super Idee!«

Sie klatschte in die Hände und bat mich, den Teil meines Gehirns auf einen Zettel zu zeichnen, also in eine Person zu verwandeln und ihr einen Namen zu geben. Ich zeichnete ein kleines, hässliches, altes, dickes Geschöpf mit einem Krückstock. Es war braun und grün, hatte einen Backenbart und einen Riesenzinken. Ich nannte es Bob. Dann malte Sue eine Sprechblase und fragte mich, was Bob wohl sagen würde. Ich schrieb hinein: *Du wirst mich nie los! Ich bin dein Schicksal.*

Danach mochte ich Bob nicht mehr anschauen. Sue forderte mich auf, mir vorzustellen, Bob würde seine Sachen packen, weil ich ihn rausgeschmissen habe. Aber ich sträubte mich. Ich wollte nicht mehr an Bob denken. Das nahm die ganze Stunde in Anspruch. Hinterher fragte ich mich, was wir alles in der Stunde hätten machen können, wenn ich sie nicht auf die Idee gebracht hätte, Bob zu zeichnen.

Manchmal glaube ich, dass Sue auch nicht weiß, wie

ich mein Stottern loswerden kann. Am Ende der Stunde fragt sie immer: »Und? Möchtest du einen neuen Termin?« Ich glaube, sie spekuliert insgeheim darauf, dass ich Nein sage. Dass ich sie darauf hinweise, wie zwecklos ihre Arbeit ist. Dass mir nicht zu helfen ist. Das hat sie genau genommen selbst gesagt. Ich müsse Wege finden, damit »umzugehen«. Tja, ich habe Wege gefunden, damit umzugehen, Trommeln, Flüstern, Singen, nur funktionieren sie nicht immer ganz optimal.

Wenn ich zu ihr gehe, hoffe ich jedes Mal, dass sie eine phänomenale neue Therapie entdeckt hat. Zum Beispiel eine Zauber-Tablette. Ich würde sie nehmen, das Zimmer verlassen und nie wieder stottern. Bevor ich die Tür zu Sues Zimmer öffne, schließe ich jedes Mal die Augen und wünsche mir das. Mum hat mich heute dabei ertappt.

»Was machst du da, um Himmels willen?«, fragt sie, als sie sieht, wie ich die Augen schließe und vor mich hin murmele.

»Ich w-w-wünsche mir etwas«, sage ich.

»Ich frag lieber erst gar nicht nach! Komm, wir sind spät dran.« Und sie schubst mich durch die Tür.

Aber auch diesmal gibt es keine Tablette. Sue erkundigt sich nach der Schule, und ich versuche, ihr weiszumachen, alles sei prima, und wiederhole dann Phrasen, die Mum so in etwa zu ihren Freundinnen sagt: »Der Tag ist l-l-lang, aber ich habe jeden Morgen den B-B-Bus erwischt, und meinen Klassenlehrer, Mr Osho, mag ich s-s-sehr.« Das scheint zu klappen. Mum setzt ihr strahlendes Lächeln auf, als hätte sie vergessen, dass diese Antworten eigentlich von ihr stammen.

Mir ist aufgefallen, dass die Erwachsenen jeden lieben, der wiederholt, was sie gesagt haben. Sue erkundigt sich nach den anderen Kindern, und ich nenne ein paar Namen und erzähle, ich würde neben Alex sitzen, und Skyla, eine Mitschülerin aus der Grundschule, sei auch in der Klasse. Ich lüge zwar nicht, sage aber auch nicht die ganze Wahrheit. Den Vortrag erwähne ich nicht. Ich will die Chance, ihm zu entgehen, nicht vermasseln, weil ich weiß, dass Sue es nicht gut fände, wenn ich kneife. Sie rät mir ständig, jede Gelegenheit zum Sprechen zu nutzen, denn: »Du hast so viel zu sagen, Billy, die Welt muss hören, was du zu sagen hast.«

Nachdem sie erfahren hat, dass in der Schule alles okay ist, werfen wir einander einen Igelball zu und sagen bei jedem Wurf ein Wort. Wir nennen zwanzig Minuten lang verschiedene Kleidungsstücke und versuchen, die Namen möglichst langsam auszusprechen. Ich muss kichern, als Mum sagt: »BH.« Ich lache so hysterisch, als würde ich nie mehr aufhören. Ob das schon mal jemandem passiert ist? Ich weiß, dass irgendjemand ein Leben lang Schluckauf hatte. Schrecklich, oder? Und wenn man bis zum bitteren Ende lachen müsste? Ich nehme an, man würde nach einiger Zeit Bauchschmerzen bekommen und krank werden. Durch den Gedanken an Bauchschmerzen kriege ich mich wieder ein, und ich spreche das Wort »Pullover« möglichst langsam aus, und als Mum kein neuer Begriff

65

einfällt, hören wir auf, und Sue meint, ich hätte das sehr gut gemacht.

Mum begleitet mich zu jedem Termin. Dad war zwei Mal mit dabei, muss aber meistens arbeiten. Beim ersten Mal merkte ich, dass er das Zimmer zu warm fand und sich zu groß vorkam. Er ist ein Meter neunzig groß und mag keine kleinen Räume. Er ist vermutlich froh, nicht mehr mitkommen zu müssen. Mum sitzt in einer Ecke und lächelt die ganze Stunde. Nach einer Stunde Lächeln tut ihr Gesicht bestimmt ziemlich weh.

In der Praxis gibt es einen dieser coolen Spiegel, durch die man beobachtet werden kann, ohne dass man es merkt. Er wird von einem Vorhang verdeckt, und ich habe Sue bei unserem ersten Treffen sofort auf ihn angesprochen. Sie meint immer, es gebe keine Beobachter. »Deshalb ist der Vorhang zu.«

Heute höre ich nicht zu, während sie von *Schmuser* und den anderen erzählt. Ich male mir aus, wer auf der anderen Seite des Spiegels steht. Ärzte mit ausländischem Akzent und langen weißen Kitteln, die Klemmbretter halten und Brillen tragen. Ich stelle mir vor, was sie über mich sagen: »Das ist Billy Plimpton. Ein einmalig tragischer Fall.«

Dann holt mich der Klang von Sues Stimme in die Wirklichkeit zurück. »Billy, hörst du mir zu?« Ich nicke und schaue auf das Blatt, das sie hält.

Am Ende der Stunde ist es im Zimmer so heiß, dass Mum knallrot im Gesicht ist. Wir vereinbaren einen

66

neuen Termin und brechen auf, um das Rosinenbrötchen zu essen. Es wird gerade serviert, als mir mein Nachtisch-Plan einfällt, und ich schiebe es betrübt weg. Mum zieht eine Miene, als ahnte sie, dass ich etwas im Schilde führe. Ich wende den Blick ab und überkreuze die Finger unter dem Tisch. Nur noch vier Tage bis zum gruseligen WAS-MICH-AUSMACHT-Vortrag.

Sieben

Was sagt ein Teller zum anderen Teller?
Das Essen geht auf mich.

Während der ganzen ersten Woche gelingt es mir, fast
kein Wort zu sagen. Noch scheinen die Lehrer niemanden gezielt aufzurufen. Vermutlich, weil sie unsere Namen noch nicht im Kopf haben. Als ich am Ende der Erd-
kundestunde mein Buch abgebe, sagt Mr Grant: »Danke,
Bobby.« Ich lächele nur und gehe weiter. Es ist bestimmt
schwierig, sich jeden Namen einzuprägen, wenn man so
viele Klassen unterrichtet, vor allem von Kindern, die sich
bemühen, unsichtbar zu sein. Ich verbessere ihn natürlich
nicht. Vielleicht bin ich jetzt für immer Bobby.

Ich perfektioniere die Räusper-Flüster-Methode weiter,
auch wenn mir aufgefallen ist, dass Skyla heute Morgen
von ihrer Zeichnung aufsah, als wir aufgerufen wurden,
und mir einen irritierten Blick zuwarf. Sie ist die Einzige,
die Bescheid weiß – die Wahrheit kennt. Als ich ihren
Blick bemerkte, wurde ich rot und wandte mich ab.

Beim Mittagessen steuert sie mit ihrem Tablett voller
Pommes frites auf meinen Tisch zu. »Hi, Billy!«

Ich werde panisch, winke ihr schwach und ungelenk

zu und tue so, als hätte ich schon aufgegessen, obwohl noch die halbe Pizza auf meinem Teller liegt und der Keks nicht angetastet ist. Ich stehe so überstürzt auf, dass ich meinen Stuhl umwerfe. Der Krach, mit dem er auf den Boden knallt, hallt durch den Raum, und alle sehen zu mir. Ich fliehe aus der Mensa, ohne ihn aufzuheben. Mein Herz rast, und meine Ohren glühen.

Ich will nicht mit ihr reden, weil mich dann jemand hören könnte. Sie hat mich zwar gegen Blakemore verteidigt, aber ich brauche sie nicht. Ich brauche niemanden. Ich muss bloß den Mund halten, bis ich das Stottern los bin, egal wie lange das dauert. Während ich vor ihr fliehe, verdränge ich den Gedanken, dass sie *mich* brauchen könnte. Sie sitzt in jeder Stunde allein da, und ich habe sie noch nie mit anderen Mädchen aus der Klasse reden sehen. Sie ist fast genauso still wie ich. Andererseits kann Skyla austeilen. Sie hat Jack Rouse eins auf die Nase gegeben! Sie kommt bestimmt allein klar, oder?

Ich halte den Kopf gesenkt, verdränge alle Gedanken und gehe weiter. Mein leerer Magen knurrt. Irgendwann werde ich mit Skyla reden, aber zuerst muss ich meine Liste abarbeiten und ein Heilmittel finden. Ich suche noch immer in den Supermärkten nach dem Tee, bislang erfolglos. An diesem Wochenende fahren wir zu Sainsbury's, und ich hoffe, ich finde ihn dort. Drückt mir die Daumen.

Während der restlichen Mittagspause laufe ich herum, und das Gleiche tue ich auch in der Nachmittagspause.

Wenn man in Bewegung bleibt, scheint es nicht aufzufallen, dass man allein ist und mit niemandem spricht. Ich frage mich, ob ich immer so weitermachen kann – vielleicht spricht mich nie jemand an. Aber will ich das denn überhaupt? Es ist schon irgendwie langweilig. Ich klopfe auf Holz, damit irgendein Punkt meiner Liste möglichst bald funktioniert und ich wieder etwas sagen kann. Jede Wette, dass Mum es nicht glauben würde, wenn ich ihr erzählte, dass ich die ganze Woche kein Wort gesagt habe. Sie meint immer, ich würde reden wie ein Wasserfall, aber das gilt nur für zu Hause. Zu Hause ist es ganz anders als in der Schule. Irgendwie sicher.

Ein stummer Schüler zu sein, hat Vorteile und Nachteile. Ich sehe vieles, was andere nicht bemerken. Beim Mittagessen kann ich zum Beispiel beobachten, wie andere versuchen, sich neben beliebte Mitschüler zu setzen. Bevor ich von Skyla zur Flucht gedrängt wurde, habe ich beobachtet, wie meine Klassenkameradin Yasmin überlegte, was sie essen sollte. Als sie das Ofengemüse ansteuerte, zog ein anderes Mädchen ein Gesicht, als wäre es ekelhaft, also nahm sie stattdessen Nudeln. Dann ließ ich meinen Blick über die Tische schweifen, an denen viele Leute saßen, quasselten und versuchten, sich von ihrer besten Seite zu präsentieren. Sie schüttelten ihre Haare über die Schulter oder fuchtelten beim Sprechen mit den Armen. Ich entdeckte auch Kinder, die wie ich alleine dasaßen und zuschauten. Wäre ich Teil einer Gruppe und würde darauf warten, zu Wort zu kommen, dann hätte ich all das nicht bemerkt. Und so scheint es allen zu ergehen, sie hören nicht zu, sondern lauern darauf, endlich *selbst* zu Wort zu kommen.

Der Nachteil ist allerdings, dass ich manchmal Ärger bekomme. Heute Nachmittag habe ich mich auf dem Weg zum Englischunterricht verlaufen, und anstatt wie jedes normale Kind nach dem Weg zu fragen, irrte ich weiter herum. Als ich den Raum endlich gefunden hatte, war die Lehrerin stinksauer.

»Komm rein. Ja Menschenskinder, langsam solltest du dich hier auskennen!« Ich wollte mich entschuldigen, indem ich große Augen machte und mit den Schultern zuckte, aber das schien sie nur noch mehr zu verärgern: »Setz dich!«, kläffte sie.

Vielleicht hat sie immer schlechte Laune, denn sie zog die ganze Stunde die Mundwinkel nach unten und kniff ihre Augen zusammen.

*

Irgendwie schaffe ich es tatsächlich, den Tag zu überstehen, ohne William Blakemore außerhalb des Unterrichts über den Weg zu laufen. Einmal muss ich in ein Labor flüchten, weil ich ihn im Flur auf mich zukommen sehe. Ein Lehrer im weißen Laborkittel zieht ein besorgtes Gesicht, als ich in den Raum stürze.

»Alles in Ordnung, junger Mann?«, fragt er und sieht mich über die Brille hinweg an.

Bei der Aussicht, ihm antworten zu müssen, werde ich

panisch und versuche, den Eindruck zu erwecken, mich verlaufen zu haben, indem ich meinen Stundenplan heraushole und darauftippe. Ich benutze ihn, um mein Gesicht zu verdecken, als ich wieder in den Flur trete. Ich habe das Gefühl, als wäre ich in einem alten Stummfilm: körniges Schwarz-Weiß, überzogenes Mienenspiel und übertriebene Gesten. Als ich den Stundenplan richtig herum drehe und so tue, als würde ich mich nach dem Weg umschauen, wäre ich fast in die Höhe geschnellt und hätte die Hacken zusammengeknallt wie die Schauspieler in alten Filmen.

Bei dieser Vorstellung muss ich grinsen. Natürlich mache ich das nicht. Stellt euch mal vor, ihr beobachtet, wie ein Kind einsam und allein einen Tanzschritt vollführt. NEIN. NEIN. NEIN. Das kommt definitiv auf die Liste mit den Dingen, die man nicht tun sollte.

Am nächsten Tag merke ich im Englischunterricht, dass Blakemore mich beobachtet und darauf wartet, dass es klingelt, damit er mir wieder den Weg versperren kann. Manchmal höre ich ihn, bevor ich ihn sehe. Wenn er in den Fluren irgendwelchen Leuten etwas zuruft oder laut singt, als wollte er allen signalisieren, wo er gerade ist. Dann fliehe ich vor seiner Stimme und verstecke mich. Unfassbar, dass ich ihm eine ganze Woche ausweichen konnte. Dieses ständige Weglaufen ist zwar nicht das, was ich mir von der neuen Schule erhofft habe, aber es ist ja nicht für immer.

Als es endlich zum Schulschluss klingelt, eile ich durch

das Tor zum Bus. Ich sinke auf meinen Stammplatz in der Mitte und seufze vor Erleichterung. Endlich Wochenende. Ich bin erledigt. Immer allein zu sein und ständig wegzulaufen, ist harte Arbeit. Vor allem, wenn man vor jemandem wegläuft, vor dem man schreckliche Angst hat.

Daheim will Mum das Ende meiner ersten Woche auf der Bannerdale feiern. Dad und Chloe bleiben zu Hause, und sie fährt mit mir zu einem amerikanischen Diner, der gerade erst aufgemacht hat. Er heißt *Uncle Sam's*. Unsere Sitzecke hat grüne Lederpolster, und die Ketchupflasche hat die Form einer Jukebox, und dann kommt ein Mädchen mit rotem Lippenstift und Zahnspange, um die Bestellung aufzunehmen.

»Hi, herzlich willkommen bei *Uncle Sam's*. Was darf es sein?«

Ich nehme Pommes mit Käse. Ich tippe auf die Speisekarte, und sie schreibt es auf.

Mum hat inzwischen gemerkt, dass etwas nicht stimmt. Ich habe es geschafft, während der ganzen Woche keinen Nachtisch anzurühren. Am Donnerstag gab es Ananas mit Vanillesoße, was ich für mein Leben gern esse, sie weiß also, dass es ein Problem gibt. Als sie fragt, ob ich einen Milchshake möchte, versuche ich, ein zu Tode betrübtes Gesicht zu ziehen, und schüttele den Kopf. Das fällt mir echt schwer. Hier hängen überall Bilder von Schoko-Milchshakes mit Vanille-Eis und Waffeln mit Karamellsoße. Sie sehen unglaublich lecker aus, aber ich schließe die Speisekarte, schiebe sie weg und halte mich an meinen Plan. Mum legt ihre Stirn in Falten, sagt aber nichts. Mein Nachtisch-Plan funktioniert. Das kann ich spüren.

Nachdem sie ihren Kaffee ausgetrunken hat, zieht Mum diese gewisse Miene und holt Luft, und ich weiß, dass sie jetzt ein »ernstes« Thema ansprechen wird. Es ist so weit, nun erfährt sie von dem Vortrag und wird mich davon erlösen. Aber aus irgendeinem Grund überlege ich, was sie sonst sagen könnte. Hat es vielleicht doch nichts mit meinem Nachtisch-Plan zu tun? Wenn ja, warum schaut sie dann so ernst?

Schließlich sagt sie: »Billy, Mr Osho hat mich heute angerufen, um mir zu berichten, wie du dich machst.«

»W-w-was?«, sage ich. »W-w-warum denn?«

»Er sagt, du hättest während der ganzen Woche kaum ein Wort gesagt.«

»Und?«

»Er wusste nicht mal, dass du stotterst, Billy.« Sie wirkt enttäuscht, als sie das sagt.

Mum wollte alle Lehrer auf der Bannerdale vorab über mein Stottern informieren. Ich sagte, das dürfe sie nicht, niemals. Ich wollte nicht, dass meine neuen Lehrer mit dem stirnrunzelnden Lächeln reagieren. Ich wollte nicht *noch mehr* Aufmerksamkeit auf mich ziehen. Also sagte ich, dass ich die Lehrer selbst informieren wolle und dass sie mich »erwachsen werden« lassen müsse, und das sah sie auch sofort ein.

»Wir haben auch über den Vortrag gesprochen, den du am Montag halten musst«, fährt sie fort.

O nein – sie weiß von dem Vortrag. So war das nicht geplant. Mein Nachtisch-Plan ist danebengegangen, und nun glaubt sie auch noch, ich hätte sie angelogen.

»W-w-w-waaaaaas h-h-hat er denn g-g-g-gesagt?«, frage ich. Allein der Gedanke an den WAS-MICH-AUS-MACHT-Vortrag verschlimmert mein Stottern.

»Er hat gesagt, dass du es nicht machen musst, wenn du nicht willst. Du kannst auch etwas mitbringen, das du präsentierst, ohne etwas zu sagen.«

Habe ich schon erwähnt, dass Mr Osho nett ist? Tja, nun ist er plötzlich nicht bloß nett, sondern der beste Lehrer aller Zeiten. Ich werfe den Kopf zurück und recke die Fäuste. Ziel erreicht.

»Aber, Billy, ich habe auch mit deinem Dad und mit Sue geredet.« Mum senkt den Blick auf ihre leere Tasse und fährt fort. »Wir sind alle der Meinung, dass es gut für dich wäre, wenn du es versuchst. Dich deinen Ängsten stellst. Sue hat angeboten, am Wochenende auf Skype mit dir zu reden, falls du möchtest. Es kann nicht so schlimm werden, wie du befürchtest, bestimmt nicht. Du kannst nicht für immer stumm bleiben, mein Schatz. Und glaubst du, die anderen Kinder würden nicht merken, dass du als Einziger nichts erzählst? Ich glaube, das wäre noch schlimmer.« Sie hält inne, und ich ahne, dass jetzt etwas Übles folgt. »Deshalb habe ich Mr Osho gesagt, dass du es versuchen wirst.«

Mein Hals ist plötzlich rau und wie zugeschnürt. Tränen treten mir in die Augen. Ich schaue sie an und frage mich, ob ich die Bombe zünden soll. Wenn ich von meinen Eltern gebeten werde, etwas zu tun, das ich auf keinen Fall tun will, dann habe ich dieses letzte Ass im Ärmel. Ich habe es getestet. Wenn ich die Worte »Stress« und »nicht zuhören« in einem Satz verwende, bekomme ich IMMER meinen Willen. Das ist wie Zauberei. Ich kam darauf, als Sue sagte: »Stress und das Gefühl, mit Worten nicht durchzudringen, sind zwei Hauptursachen von Sprechblockaden.« Sprechblockade bedeutet, dass man nicht flüssig spricht. Damit ich nicht so schnell gestresst bin, riet sie mir außerdem, »in möglichst vielen herausfordernden Situationen zu sprechen«. Das ist nicht ganz so wirksam, wenn ich etwas abbügeln will, und deshalb setze ich immer nur die Sache mit dem Zuhören ein.

Ich nenne es »die Bombe zünden«. Ich benutze es nicht oft, weil ich es ein bisschen mies finde, mein Stottern dafür zu benutzen, meinen Willen zu bekommen. Außerdem würde es auffallen, wenn ich es ständig täte, aber jetzt muss es wohl sein. Wenn meine Eltern mich nicht die ganze Zeit zu etwas zwingen wollten, das ich nicht tun will, bräuchte ich den Trick gar nicht erst anzuwenden, richtig?

Das letzte Mal habe ich es getan, als wir an Chloes Geburtstag alle reiten gehen wollten. Ich halte es ja nicht mal in ihrem Zimmer mit all den Spielzeugponys aus, wie soll ich da bitte auf ein echtes Pferd steigen? Meine Eltern sagten ständig, dass es mir sicher gefallen werde.

76

Ich hasse es, wenn mich jemand drängt, etwas zu tun, das ich ganz klar verabscheue, wie zum Beispiel Paprika zu essen. Ich habe mal eine Strichliste darüber geführt, wie oft Mum wollte, dass ich Paprika esse, aber nach dem fünfzigsten Mal habe ich es aufgegeben, zu zählen. Allein der Anblick dieser roten Dinger mit dem komischen Hut widert mich an, ich stecke mir also bestimmt keines in den Mund! Sogar der Name ist schrecklich. *Paprika.* Ich brauche ewig, bis ich das Wort ausgesprochen habe. Aber Mum lässt nicht locker. »Dir entgeht etwas, das du vielleicht köstlich findest! Koste doch bitte mal, Billy, nur für mich. Komm schon.« Als wollte ihr nicht in den Kopf, dass jemand die Sache anders sieht. Als sie neulich versuchte, die Paprika unter meine Tomatenscheiben zu schmuggeln, zündete ich die Bombe. Sie wirkte geknickt, als ich rief: »D-d-du hörst mir N-N-N-N-IE zu, und das setzt mich t-t-total unter STR-R-R-RESS«, und meinen Teller wegschob. Danach hat sie es nie wieder getan. Ich fühle mich zwar noch immer etwas mies, aber sie wollte einfach nicht damit aufhören, mir Paprika schmackhaft zu machen. Was blieb mir also anderes übrig?

Ich hole Luft und flüstere: »Mum, die V-V-Vorstellung, vor der ganzen K-Klasse z-zu stehen, setzt mich i-irre unter STRESS.« Ich verstumme und hole noch mal tief Luft. »W-w-warum HÖRST du mir N-N-NIE zu?« Ich bin richtig stolz darauf, das gesagt zu haben, und schniefe und wische über meine Augen, um meine Worte zu unterstreichen. Dann schaue ich sie an.

Aber irgendetwas stimmt nicht. Ich merke sofort, dass die Bombe diesmal nicht zündet. Wirkt sie nicht mehr? Habe ich sie zu oft eingesetzt, wie im Falle des Trommelns mit den Fingern?

Mom wirkt ernst und entschlossen, als sie sagt: »Ich weiß, dass es dich unter Stress setzt, und dein Dad und ich hören uns gern alles an, was du zu sagen hast. Aber ich fürchte, wir bleiben dabei. Du weißt ja, was Sue sagt – dass sich die Sache verstärken wird, wenn du nicht sprichst. Aber du findest schon eine Möglichkeit, den Vortrag auf deine Weise zu halten. Ich bin sicher, dass du das glänzend machen wirst.«

Ich habe das Gefühl, ohnmächtig zu werden. So entschieden hat sie noch nie geklungen. Mir wird klar, dass ich sie nicht umstimmen werde, egal was ich sage. Und dann fließen Tränen über meine Wangen, die ich gar nicht erst zurückhalte. Ich denke daran, wie fürchterlich die erste Woche auf der Bannerdale war. Immer auf der Flucht, ständig allein. Ich denke daran, wie grauenhaft es sein wird, wenn alle mein Geheimnis kennen, dass es dann noch viel schlimmer sein wird, und die Tränen strömen nur so über mein Gesicht. Mum greift nach meiner Hand, aber ich reiße sie weg.

»Du kannst nicht allem aus dem Weg gehen, Billy. Nicht bis in alle Ewigkeit. Was für ein Leben wäre das denn?«

»Ein b-b-b-b-b-besseres als dieses!«, schreie ich. Es ist mir total egal, dass mich alle hören. Ich halte jetzt nicht den Mund. Ich zwänge mich aus der Sitzecke, stürme aus dem Restaurant und knalle die Tür hinter mir zu. Mum steht auf und zückt ihr Portemonnaie, um zu bezahlen und mir dann zu folgen, aber ich bin zu schnell. Ich renne ins Freie und laufe durch die Einkaufsstraße.

Sobald ich merke, dass sie mir nicht folgt, stapfe ich zum Park, setze mich an den See und beobachte die Fischer. Ich weine immer noch. Ich bebe vor Wut und Angst. Warum haben alle anderen ein besseres Leben als ich? Warum bin ich nicht normal? Wieso habe ich kein Problem, das alle verstehen, zum Beispiel Warzen auf den Füßen oder schlechte Augen. Mit Brille kann man super aussehen, manche Leute tragen sogar eine mit Fensterglas. Aber niemand tut so, als würde er stottern, oder? Wahrscheinlich ist auch keiner scharf auf Warzen, aber Ash hatte in der Grundschule mal eine und musste beim Schwimmen eine komische Socke tragen. Ich fand es cool, im Schwimmbad eine Socke zu tragen, und behauptete deshalb, auch eine Warze zu haben. Aber als Mum meinen Fuß untersuchte und merkte, dass ich mit einem Edding einen schwarzen Fleck auf den Zeh gemalt hatte, meinte sie, ich sei »schon ein ziemlich komischer Vogel«. Ja, ich bin ein komischer Vogel. Ich wette, auf dem ganzen Planeten gibt es niemanden, der mit mir tauschen würde.

Es fängt an zu regnen, und ich ahne, dass ich nicht die ganze Nacht hierbleiben und über Warzen nachgrübeln kann. Zu Fuß wäre es zu weit bis nach Hause, und ich weiß nicht, welchen Bus ich nehmen müsste. Ich krame im Rucksack nach meinem Handy, obwohl ich weiß, dass ich es nicht dabeihabe.

Die meisten Kinder finden es toll, ein Handy zu haben, ich dagegen hasse das Ding. Telefonieren ist für mich furchtbar, weil ich dann noch viel schlimmer stottere. Allein ein Handy zu besitzen, belastet mich. Die Vorstellung, dass ich rangehen muss, wenn es klingelt, ist der Horror. Dass der Anrufer nur mein brummendes Schweigen hört, ohne zu sehen, was los ist. Mein Herz beginnt sogar zu rasen, wenn die Handys anderer Leute klingeln, weil ich immer befürchte, dass jemand sagen könnte: »Hier, für dich«, und mir dann das Handy hinhält. Sogar vollkommen fremde Leute. Ich habe mit Sue darüber geredet, und sie meinte, viele Leute würden ungern telefonieren. Jedenfalls verstaubt mein blödes Ding mit leerem Akku in einer Schublade, obwohl ich es heute ausnahmsweise mal bräuchte.

Als mir die Ideen ausgehen, kehre ich wieder zu *Uncle Sam's* zurück. Unterwegs komme ich an einem Geschäft namens *Beanies* vorbei. Ich habe es auf dem Weg zum Park in meiner Wut übersehen. Es ist ein Bioladen – und im Schaufenster steht ein ganzer Berg Kräutertees! Ich traue meinen Augen nicht. Wenn einem das Schicksal winkt, muss man ihm wohl blindlings folgen.

Als ich reingehe, mustert mich der Typ hinter der Kasse so misstrauisch, als wollte ich etwas klauen. Vor allem, als ich im Rucksack nach meinem Taschengeld krame. Es muss darin sein, ich weiß noch, wie ich es hineingetan habe. Ich krame immer hektischer, verliere schon die Hoffnung und überlege, ob ich den Tee vielleicht wirklich klauen soll, als ich das Geld in einer winzigen Tasche entdecke. Zum Glück, denn ich wäre vermutlich ein lausiger Dieb.

Als ich den Tee schließlich finde, gibt es drei Varianten, und ich weiß nicht, welche ich nehmen soll. Ich zähle mein Geld und stelle fest, dass ich mir nur die günstigste leisten kann. Soll mir recht sein. Ich bezahle an der Kasse, stecke die Schachtel in meinen Rucksack und husche aus dem Laden.

Unfassbar das Ganze. Vielleicht ist es tatsächlich ein Wink des Schicksals. Zum Teufel mit dem idiotischen Nachtisch-Plan, der vielleicht von Anfang an falsch war. Ich muss mich wieder auf den eigentlichen Plan besinnen. Den Tee trinken und das Stottern loswerden, und zwar SOFORT. Rechtzeitig zum Vortrag. Ich muss Blakemore zeigen, dass er sich geirrt hat, dass es keinen Anlass gibt, mich zu mobben, dass er sich alles nur eingebildet hat. Dann könnte ich endlich allen meine Witze erzählen und wäre ein normales, beliebtes Kind.

Schließlich finde ich unseren Parkplatz. Mum läuft vor dem Auto mit dem Handy auf und ab. Sie sieht aus, als hätte sie geweint, und schließt mich in eine feste, verärgerte Umarmung.

»Tu mir das nie wieder an. Ich habe mir solche Sorgen um dich gemacht«, flüstert sie, zerrauft meine Haare und küsst mich auf die Stirn. Ich warte darauf, dass sie noch etwas sagt, aber Fehlanzeige. Sie sieht nicht so aus, als hätte sie sich die Sache mit dem Vortrag anders überlegt. Sie steigt ein, und ich gleite auf den Beifahrersitz. Mir wird plötzlich klar, dass mein Gesicht total verquollen aussieht.

Wir schauen einander nicht an, und als sie den Motor anlässt, sage ich: »Ich h-h-h-hoffe mal, meine Klasse schnallt s-s-s-s-sich an. Daaaas k-k-k-könnte der längste W-WAS-MICH-AUSMACHT-Vortrag ihres L-L-Lebens werden.«

Da muss Mum laut lachen. So habe ich sie noch nie lachen hören, jedenfalls nicht über meine Worte. Dad hat sie einmal so zum Lachen gebracht, als er sich an Silvester als Fisch verkleidete. Aber ich habe das noch nie geschafft. Wenn ich Witze erzähle, stimmt sie in mein Lachen ein, aber es klingt immer so, als wollte sie mir einen Gefallen tun oder würde künstlich lachen.

Nun ist es anders. Eigentlich sollte ich sauer sein, weil sie über mich lacht, aber stattdessen freut es mich. Und wenn ich den Tee getrunken habe und nicht mehr stottere, wird es immer so sein. Das ist mein innigster Wunsch – Leute zum Lachen zu bringen. So wie jetzt.

Dann muss ich auch lachen. Wir können nicht mehr aufhören. Sie wischt über ihre Augen, zerrauft meine Haare, und wir fahren nach Hause. Ich spüre die Teeschachtel im Rucksack und bin glücklich. Ich kann es kaum erwarten, den Tee zu trinken.

Acht

Warum gibt es keine stotternden Detektive?
Weil sie länger brauchen, um etwas rauszukriegen.

Nach unserer Rückkehr wiederholt Dad alles, was Mum zum »Abhauen« gesagt hat. Echt bekloppt, dass ich jetzt auch noch von ihm eine Standpauke bekomme, als würde doppelt wirklich besser halten. Beim zweiten Mal höre ich nur mit halbem Ohr zu, weil es todlangweilig ist. Außerdem war Dad gar nicht dabei! Während er schimpft, denke ich an den Tee. Je schneller ich ihm vormachen kann, ich hätte es verstanden, desto schneller kann ich eine Tasse trinken. Also schaue ich ihm in die Augen und ziehe ein tief zerknirschtes, ernstes Gesicht. Es scheint zu wirken, denn er hört endlich auf und greift nach dem Handy.

Ich husche in die Küche und setze Wasser auf. Vielleicht klappt es ja. Vielleicht heilt mich dieser Zaubertrank. Der Kessel bollert lauter als sonst. Ich habe noch nie bewusst mitbekommen, dass er beim Kochen klingt, als würde er gleich abheben. Ich zerbreche mir den Kopf darüber, was ich sagen soll, wenn Mum und Dad mich ertappen. Sie wissen, dass ich keinen Tee mag. Als ich mal einen

Schluck von Mums Tee getrunken habe und ihn direkt wieder auf ihren Lieblingsrock geprustet habe, war sie echt sauer. Aber zum Glück kommt niemand, also hole ich den *Star Wars*-Becher, ein Geschenk von Ash zu meinem zehnten Geburtstag, aus dem Schrank und stelle ihn neben den Kessel. Meine Ohren spielen mir offenbar Streiche, denn als ich den Tee auspacke, ist das auch irre laut. Das Knistern des Zellophans klingt wie ein Gewitter. Ich huste, um es zu übertönen, und reiße es hastig von der Packung, hänge einen Teebeutel in den Becher und gieße ihn auf.

Ich stecke den Becher unter meinen Pullover, eine geniale Idee, wie ich finde, und gehe in mein Zimmer. Als ich die Tür hinter mir schließe, höre ich Mum unten sagen: »Was riecht hier bloß so komisch?« Ich halte die Nase über den dampfenden Becher. Der Tee stinkt tatsächlich. Aber es wird sich lohnen, ihn zu trinken. Ich schließe die Augen und nippe daran.

Er schmeckt unfassbar ekelhaft. Noch schlimmer als der Tee, den ich ausgeprustet habe. Noch schlimmer als das Wasser des Aquariums in der Grundschule. (Ash und ich mussten einmal den Behälter mit einem langen Schlauch reinigen, und er hatte behauptet, ich würde mich niemals trauen, daran zu saugen. Was hätte ich anderes tun sollen?!) Das Fischwasser war eine Delikatesse, verglichen mit diesem Gebräu. Und es schmeckt sogar noch grässlicher als die heiße Schokolade, die Großbutter einmal mit Salz statt mit Zucker gekocht hatte.

Ich rede mir ein, es sei die Sache wert, kneife meine Nase mit zwei Fingern zu und trinke einen tiefen Schluck. Ich kann spüren, wie alle Hubbel auf meiner Zunge anschwellen, als mir der heiße Tee den Mund verbrennt. Mum mischt den Pfefferminztee, den sie vor dem Schlafengehen trinkt, immer mit kaltem Wasser, das hätte ich auch tun sollen.

Nach vielem Pusten und langem Warten trinke ich das ekelhafte Zeug schließlich aus. Dann trete ich vor den Spiegel, um zu testen, ob es geklappt hat.

»I-i-i-ich k-k-k-kann nur h-h-h-hoffen, dass es eine ZZZZunge wwwwert ist, die ssssich a-a-a-anfühlt wie eine B-B-B-Brühwurst«, sage ich zu mir selbst und stottere noch mehr als sonst.

Ich bin enttäuscht und komme mir vor wie ein Vollidiot. Als könnte ein Becher mit müffelndem Tee alles ändern. Ich weiß auch nicht, was mit mir los ist. Wenn man sich etwas sehnsüchtig wünscht, redet man sich manchmal die unmöglichsten Dinge ein. Wenn das ganze Land durchdreht, Fahnen aufhängt und Lieder grölt, weil England bei der Fußball-Weltmeisterschaft mitspielt, ist das ähnlich, und dann fliegt die Mannschaft in der Gruppenphase raus. Schon wieder dieses blöde Gefühl – Hoffnung. Ich hasse die Hoffnung.

Trotzdem werde ich den Tee weiter trinken, denn bis zum Vortrag habe ich noch drei Tage Zeit. Vielleicht wirkt das Zeug ja erst nach mehreren Bechern.

Am nächsten Tag koche ich wieder einen Tee, setze

mich an meinen Tisch und versuche, Notizen für den WAS-MICH-AUSMACHT-Vortrag zu machen. Ich bin wie gelähmt. Sonst fällt mir das Schreiben leicht. Es gefällt mir sogar. Das Gefühl, zu schreiben. Die Vorstellung, dass jemand liest und zur Kenntnis nimmt, was ich zu sagen habe. Richtig zur Kenntnis nimmt, mit ganzer Aufmerksamkeit. Aber etwas zu schreiben, was ich dann stotternd vortragen muss, ist eine *ganz* andere Geschichte. Es macht mir Angst. Ich schiebe das Papier weg und nippe am Tee. Er schmeckt wie Schlamm, ehrlich.

Ich würge acht Becher hinunter, dann kann ich nicht mehr. An diesem Tag verlasse ich mein Zimmer nur, um mich in die Küche zu schleichen und Wasser aufzusetzen. Nach dem dritten Becher teste ich nicht mehr, ob es klappt, sondern bleibe still. Das Gebräu wirkt nicht, so viel ist klar. Ich finde es unerträglich, mein Spiegelbild anzuglotzen und meine blöde Stimme zu hören.

An diesem Abend setze ich mich vor ein weißes Blatt Papier und überlege, was ich sagen will. Mir wird heiß, und meine Hände zittern, kein gutes Zeichen. Der Vortrag wird ein Reinfall, das weiß ich schon jetzt.

Ich schaue zur Pinnwand, und dort starrt mich die Liste an: WIE ICH MEIN STOTTERN LOSWERDEN KANN. Ich schaue mir die Punkte einzeln an und streiche alle wütend durch.

Wenn ich vor dem Spiegel übe, hasse ich mich nur noch mehr.

Das bekloppte Buch bringt nichts, es enthält zig Wörter, die ich nicht verstehe, und das, was ich kapiere, sagt so etwas wie: »Finde dich damit ab, dass du stotterst.« Aber das hilft mir nicht!

Der Tee ist nutzlos und stinkt wie die Pest.

Es ist auch sinnlos, zu beten, dass Sue eine Heilmethode findet. Ich bin erst in drei Wochen wieder bei ihr.

Während ich die Punkte durchstreiche, fällt mir ein, was Mum im Restaurant gesagt hat: »Sue hat angeboten, am Wochenende über Skype mit dir zu reden.«

Ich richte den Blick zum Himmel. »Götter des Sprechens, wer auch immer ihr sein mögt, sorgt bitte dafür, dass Sue die Lösung gefunden hat.«

Ich flitze nach unten, hole mein iPad aus der Schublade und flitze wieder in mein Zimmer. Sue will schon seit einer Ewigkeit mit mir skypen. Sie glaubt, das wäre ein erster Schritt, um meine Angst vor dem Telefonieren abzubauen. Sie gab mir ihre Skype-Adresse und sagte: »Solltest du mal eine Frage haben oder über etwas reden wollen, dann werde ich versuchen, dir zu helfen.«

Ich drücke auf das Telefonsymbol, und mein Gesicht taucht oben in der Ecke auf. Das gleicht den Selbstgesprächen vor dem Spiegel, und dann erscheint das Gesicht von Sue auf dem Bildschirm. »Billy, wie schön, dass du dich meldest!«

87

Ich komme mir plötzlich irgendwie blöd vor. Ich habe nicht einmal überlegt, was ich sagen will. Ich kann ja schlecht fragen: »Hi, Sue, hast du letzte Woche eine Heilmethode entdeckt?« Also begnüge ich mich mit einem »Hi« und lasse sie reden. Falls jemand während der letzten paar Tage eine magische Anti-Stotter-Rezeptur erfunden hat, wird sie mir das schon mitteilen.

»Ich habe gestern mit deiner Mum gesprochen, und sie hat mir von der Schule und dem Vortrag am Montag erzählt.«

Ich nicke. Mir ist wieder zum Heulen, aber ich balle bloß die Fäuste.

»Hast du dir schon überlegt, was du den anderen zeigst?«

Ich schüttele den Kopf.

»Überleg einfach, was dir am meisten am Herzen liegt, Billy. Was du den anderen unbedingt zeigen möchtest. Wenn es etwas gibt, wofür du brennst, sind Worte unwichtig. Verstehst du?«

Ich nicke, obwohl ich mir wünsche, sie nie angerufen zu haben. Man kann das Stottern nicht heilen, es gibt kein Entrinnen.

»Du wirst dich besser vorbereitet fühlen, wenn du vor dem Spiegel ein paar Wörter übst, ein oder zwei Sätze, und die Methoden aus unseren Stunden anwendest. Und wer weiß, vielleicht redest du am Ende sogar mehr!«

Ich bezweifele, dass Sue begreift, wie schlimm mein Stottern in Wahrheit ist. Außerhalb der kleinen Praxis mit dem Spionage-Spiegel. Ich habe sie mal gefragt, ob sie je gestottert habe, und sie meinte: »Jeder kommt mal ins Stottern, aber nein, ich habe nie so stark gestottert, dass es sich auf meinen Alltag ausgewirkt hätte.« Ich will, dass sie endlich vom Bildschirm verschwindet, und deshalb zwinge ich mich zu sagen: »D-danke, Sue. B-b-bis b-b-b-bald«, drücke auf das kleine rote Telefonsymbol, und dann lösen wir uns beide in Luft auf.

Ich kann es nicht tun. Ich kann einfach nicht. Bis Montag wird mein Stottern nicht verschwunden sein, das steht fest. Ich reiße die Liste von der Pinnwand und zerfetze sie. Als ich wieder zur Pinnwand schaue, lese ich die Wörter: MÖGLICHKEITEN, DEM WAS-MICH-AUSMACHT-VORTRAG ZU ENTGEHEN. Beim Durchgehen der Punkte dämmert mir, dass eigentlich nur eine Möglichkeit realistisch ist. Ich nehme den Rucksack und beginne zu packen.

Höchste Zeit, auf den sechsten Punkt zurückzugreifen.

• Wegrennen

Ich habe genug Strümpfe und Unterwäsche für eine Woche eingepackt, dazu etwas Schokolade, die ich seit Ostern in meinem Schrank versteckt habe. Ich stopfe meinen Schlafsack hinein und schnappe den Rucksack. Als ich oben auf der Treppe stehe und überlege, wie ich mich rausschleichen soll, höre ich meine Eltern in der Küche lachen. Sie klingen glücklich. Nach unten pirschend, werde ich plötzlich traurig und bekomme Angst. Ich husche auf Zehenspitzen zur Seitentür und nehme den Ersatzschlüssel vom Rahmen des Bildes mit der Kuh. Er lässt sich so mühelos im Schloss drehen, als wollte er mir die Flucht so leicht machen, dass ich nicht mehr umkehren kann. Irgendwie will ich, dass sie mich ertappen, mich in den Arm nehmen und sagen, ich müsse den Vortrag nicht halten und sogar nie wieder auf die Bannerdale gehen, aber ich weiß, dass das nicht geschieht, und trete in den Regen.

Auf dem Bürgersteig wird mir bewusst, dass ich nicht weiß, wohin. Also bleibe ich stehen und werde immer nasser. Am Ende setze ich mich auf die Bordsteinkante, lasse das Wasser über meinen Nacken in mein T-Shirt laufen. Ich schaffe es noch nicht mal, abzuhauen, denke ich, als ich mich zum Haus umdrehe und überlege, wann ihnen auffällt, dass ich weg bin. Was ist nur los mit mir? Warum kann ich nichts richtig machen?

Ich hocke bestimmt eine Stunde da, denn als ich beschließe, nicht weiterzugehen, bibbere ich vor Kälte und bin klitschnass. Auf einer Parkbank wäre ich noch einsamer. Die Vorstellung, im Schlafsack im Regen auf einer Bank zu liegen, ist so schlimm, dass ich es einsehe. Die Sache ist sinnlos. Es gibt kein Entkommen, und so stehe ich auf und kehre zum Haus zurück.

Als ich heimlich, still und leise hineinhusche, kann ich hören, dass Mum und Dad noch in der Küche plaudern. Sie haben gar nicht gemerkt, dass ich weg war, so unsichtbar kann ich mich machen. Ich stapfe nach oben und sinke auf mein Bett, ohne den Rucksack abzusetzen. Ich kann hören, wie es draußen weiter gießt. Ich *muss* den WAS-MICH-AUSMACHT-Vortrag halten. Im Grunde muss ich mich ja nur vor die Klasse stellen. Früher oder später wird man sowieso merken, was Sache ist, wenn nicht beim Zeigen-und-Erzählen, dann bei einer anderen Gelegenheit. Es war absolut idiotisch, zu glauben, dass ich mein Stottern bis in alle Ewigkeit verheimlichen könnte. Ich habe keine Ahnung, was ich tun soll. Ich bin aber auf einmal total erledigt und will nur noch schlafen. Also sinke ich in den nassen Klamotten aufs Bett und falle in einen traumlosen Schlaf.

Als ich am nächsten Morgen aufwache, denke ich direkt wieder über den Vortrag nach. Ich beschließe, dem Tee eine letzte Chance zu geben, und hole mir heimlich einen weiteren Becher. Während ich die widerwärtige Brühe schlürfe und das leere Blatt Papier und den Stift anstarre, der darauf liegt, denke ich über Sues Worte nach. Wofür brenne ich?

Und dann kommt sie wie ein Blitz aus heiterem Himmel.

Eine Idee.

Ich muss lachen. Das könnte klappen. Ob das die rettende Idee ist, die dafür sorgt, dass alles gut wird? Vielleicht, ja vielleicht geht alles gut, wenn ich sie umsetzen kann. Dann müsste ich nicht mehr schweigen. Dann müsste ich nicht mehr vor Blakemore fliehen, vor Skyla, aus dem Restaurant, aus meinem Zuhause. Ich bin ständig auf der Flucht, und vielleicht kann ich das lassen und mich den anderen stellen, wie ich mich jetzt im Spiegel mir selbst stelle.

»Du schaffst das, B-Billy«, schärfe ich mir ein und glaube zum ersten Mal seit Langem, was mein Spiegelbild sagt. Vielleicht liegt es tatsächlich am Tee, vielleicht an meinen Gebeten oder an dem Gespräch mit Sue. Ich hole mein Witze-Buch aus dem Regal, dazu meinen grünen Lieblings-Edding, und renne nach unten, um Pappe zu suchen. Es ist aufregend, ein Projekt zu haben. Wenn ich es nicht vor dem Fußball schaffe, erledige ich den Rest heute Abend. Mir bleibt noch Zeit bis zum nächsten Morgen, und im Notfall arbeite ich die ganze Nacht!

Neun

Wann kriegt ein Torwart das große Flattern?
Bei einem Flatterball.

Ich bin kein geborener Fußballer. Ganz eindeutig. Dad hat mich dazu gedrängt. Er predigt jede Woche das Gleiche: »Es ist gut, in einer Mannschaft zu sein.« Ich habe da so meine Zweifel, denn in einer Mannschaft zu sein, ist wohl nur gut, wenn die Mannschaft will, dass man darin ist, oder? Mein Team, die *Hartwell Heroes*, musste mich wohl oder übel aufnehmen. Man brauchte zusätzliche Spieler, und deshalb hat Dad mich vor der letzten Saison angemeldet – über meinen Kopf hinweg!

Wir verlieren IMMER. Kein Witz. Wir haben noch NIE ein Spiel gewonnen. In der letzten Saison waren wir so verzweifelt, weil wir kein einziges Tor geschossen hatten, dass wir einen Torjubel einstudierten, um uns zu motivieren. Nach jedem Spiel verbrachten wir zehn Minuten damit, unsere Show zu erweitern. Martha war die Erste, sie legte einen Handstandüberschlag hin, und danach fügte jeder etwas hinzu. Wir brauchten acht Spiele, bis wir endlich mal ein Tor geschossen haben, und da hatten wir schon eine richtige Tanzshow einstudiert. Ich musste zum Glück nicht mitmachen, denn ich stehe im Tor. Außerdem hüpfe ich bei einem Endstand von 10:1 für die gegnerische Mannschaft ganz sicher nicht fröhlich um die Bank.

Letztes Jahr war die Fußball-Weltmeisterschaft, und wir haben uns jedes Spiel im Fernsehen angesehen. Das brachte Dad auf die Idee, mich bei den *Hartwell Heroes* anzumelden. Er war ausnahmsweise mal nicht unterwegs, um die Spiele zu filmen, und er fand es super, sie mit mir zu gucken. Es war tatsächlich lustig, denn wir johlten und futterten Chips, und er trank Bier. Wir notierten alle Ergebnisse in einer großen Tabelle.

Ich schaue gern Fußball, bin aber nicht scharf darauf, zu spielen. Ich attackiere ungern und mag es *überhaupt* nicht, wenn ich attackiert werde. Ich meide die anderen Spieler. Keine ideale Taktik, wenn man Erfolg haben will, aber nützlich, wenn man will, dass die Schienbeine heil bleiben. Da bin ich sicher keine Ausnahme.

Hier ein paar Regeln, die man Kindern ständig einbläut:

»Tut niemandem weh.«

»Werdet nicht handgreiflich.«

»Nehmt nichts, ohne vorher zu fragen.«

»Teilt immer.«

»Schreit einander nicht an.«

Und dann ist es plötzlich total okay, einander anzuschreien und sich zwecks »Ballbesitz« gegenseitig anzurempeln. Es ist total okay, »den Ball zu attackieren« oder »reinzugrätschen«.

94

Eltern, die bei einem Fußballspiel zugucken, verwandeln sich in rasende Bestien. Ich habe mal mitbekommen, wie Jay Riley in der Halbzeit von seinem Vater zu hören bekam, er sei zu »höflich«. (Jay hatte sich bei einem Gegner entschuldigt, den er gerammt hatte, um den Ball zu erobern. Und das ist ja nur gutes Benehmen!) Ich hörte seinen Vater sagen: »Schnapp dir den Ball. Lass ihnen keine Chance. Es ist nicht ihr Spiel, sondern euer Spiel.« (Es war eindeutig ihr Spiel. Wir verloren 0:8.) Jay wirkte nicht überzeugt. Er glaubte offenbar, sein Vater wolle ihn auf den Arm nehmen. Also ergänzte der: »Jay, es ist absolut okay, wenn du hart rangehst. Eine Entschuldigung ist überflüssig. Ja, es ist sogar okay, wenn du jemanden foulst.« Er hatte sich in seine Worte hineingesteigert. Er hielt Jay etwas zu fest an den Schultern. »Das ist *mehr* als okay.« Ich merkte ihm an, dass er noch einen draufsetzen wollte, denn er sah sich um und flüsterte: »Weißt du, was, alter Junge? Wenn du jemanden foulst, kriegst du einen Fünfer von mir.« Jay sah sich auch nach möglichen Zuhörern um und fragte dann leise: »Im Ernst, Dad?« Ich senkte den Kopf und tat so, als wollte ich meine Schienbeinschützer richten. »Ja«, erwiderte sein Vater. »Wenn du jemanden foulst, bekommst du fünf Pfund. Ab ins Getümmel, Sohnemann. Zeig, was du draufhast.«

Als ich Mum davon erzählte, meinte sie, das sei eine »schlimme Erziehung«, lachte aber zugleich, ich weiß also nicht genau, wie sie dazu steht. Jay kassierte in der zweiten

Halbzeit eine Gelbe Karte für eine Grätsche. Keine Ahnung, ob er die fünf Pfund bekommen hat. Ich hoffe mal.

Als unser Trainer kapierte, dass ich »zu höflich« für diesen Sport war, stellte er mich ins Tor. Ihr denkt sicher, es wäre der schlimmste Ort, weil wir jede Woche verlieren und ich außerdem so klein bin! In meiner Klasse bin ich der Drittkleinste. Aus irgendeinem seltsamen Grund stehe ich aber ganz gern im Tor. Wenn ich jemanden auf mich zustürmen sehe, ist es, als würde sich die Zeit verlangsamen, und das Einzige, was zählt, ist der Ball. Ich lasse viele Bälle durch, klar, aber ich halte auch viele, und mein Abschlag wird immer besser. Ich kann den Ball jetzt fast bis zur Mittellinie schlagen. Die anderen finden auch, dass ich meine Sache ganz gut mache. Entweder das, oder sie sind bloß nett zu mir, weil sie auf keinen Fall selbst im Tor stehen wollen.

Mum erträgt es nicht mehr, sich die Spiele anzuschauen, sie sagt, das sei zu »belastend«. Dad dagegen findet es super, und wenn er kommt, brüllt er die ganze Zeit: »Gut so, Billy, bleib in der Position! Mach ein bisschen Druck!« Schwer zu sagen, warum er so viel brüllt, denn es hört ja niemand auf ihn. Mitten im Spiel kann man keine neuen Kniffe lernen. Das ist so ähnlich, als würde man jemandem erklären, wie man eine Lasagne zubereitet, obwohl sie längst im Ofen ist.

Chloe ist heute da, sie hat ihre albernen Pompons dabei. Ich wollte nicht, dass sie kommt, weil es mich zu sehr ablenkt, aber dann heulte sie, und Mum meinte, ich sei gemein. Ich höre die Dinger rascheln und sehe aus den Augenwinkeln die rosa Fäden tanzen. Das nervt. Sie bejubelt sicher alle meine Patzer. Ich dürfte sie beim Turnen nie ablenken, und deshalb ist es mir ein Rätsel, wieso sie hier aufkreuzen und mich mit ihren Pompons nerven darf. Manche Dinge sind echt unfair, aber Mum und Dad scheinen das nicht zu kapieren.

Ich lege auf der Bank gerade meine Schienbeinschützer an, als über mir eine Stimme ertönt.

»Hi, Billy.« Es ist Alex aus meiner Klasse, er trägt ein blaues *Beeston Rovers*-Trikot. Ich finde es komisch, ihn zu sehen, weil Schule und Fußball für mich zwei getrennte Welten sind. Da ich nicht weiß, was ich erwidern soll, nicke ich nur lächelnd.

»Ich wusste gar nicht, dass du spielst«, sagt er.

Ich weiß nicht, ob ich antworten soll. Darf ich außerhalb der Schule sprechen? Ich rede manchmal mit Kindern aus meiner Mannschaft, aber sie kennen mich schon seit einer Ewigkeit. Was ist mit meinem Schweigegelübde? Zum Glück redet er weiter. »Ich sitze immer auf der Bank. Ich darf nie länger als fünf Minuten spielen. Kann ich ihnen nicht verübeln, denn bei meinem letzten Einsatz habe ich zwei Eigentore geschossen! Eins wäre in Ordnung gewesen, aber zwei? So schlecht spiele ich.«

Ich muss unwillkürlich lachen und finde es komisch, mein Lachen zu hören. Ich darf aber lachen, oder? Wenn man lacht, stottert man nicht. Vielleicht muss ich meine Liste mit den Methoden, nicht zu stottern, um diesen

97

Punkt ergänzen. Singen, Flüstern, Lachen. Ich nehme mir vor, ein paar Worte vor dem Spiegel zu lachen, wenn ich wieder zu Hause bin, um zu testen, ob es etwas bringt.

»Wie auch immer – viel Erfolg! Ich hoffe, du spielst besser als ich! Achte auf Blakemore, er kann brutal sein. Gut, dass ich nicht so oft spiele, denn er würde mich sicher sofort foulen, obwohl wir in einer Mannschaft sind!« Alex lacht, aber nach dem Namen *Blakemore* höre ich nicht mehr zu. Ich bin zu sehr damit beschäftigt, das Spielfeld mit Blicken abzusuchen, in meiner Brust keimt Panik auf.

Und da sitzt Blakemore im *Beeston*-Trikot mit der Nummer 7 auf dem Rasen und zieht seine Schuhe an. Ich hatte keine Ahnung, dass er Fußball spielt! Hinter ihm steht ein älterer Junge, das Handy am Ohr, der ihm sehr ähnlich sieht. Die gleichen groben Züge, die gleiche wuchtige Statur. Er wirkt noch fieser als Blakemore und runzelt zornig die Stirn. Es muss sein Bruder sein, und ich danke meinem Glücksstern dafür, dass er nicht auch mitspielt.

Als Blakemore aufsteht, sehe ich, wie ihn seine ältere und fiesere Ausgabe beim Trikot packt, zurückreißt und so fest umarmt, dass es wehtun muss, und dann laut sagt: »Viel Glück, Kleiner. Hals- und Beinbruch!« Mit diesen Worten stößt er Blakemore weg und verpasst ihm einen so heftigen Tritt gegen die Hinterbeine, dass dieser ins Stolpern kommt.

Ich bemerke, wie Alex mir einen Blick zuwirft. Ich nicke ihm zu, kauere mich hinter eine Picknick-Bank und verharre dort bis kurz vor dem Anpfiff, wobei ich so tue, als würde ich meine Schuhe schnüren. Sobald Blakemore weit genug entfernt ist, stehle ich mich ins Tor, ohne dass er mich sieht.

Zum Glück steht er auch im Tor, wir sind also maximal weit voneinander entfernt.

Er entdeckt mich erst nach der Halbzeit, als wir bereits mit 0:10 zurückliegen. »Billy Plimpton! Habe mich schon gefragt, wieso der andere Torwart so lausig ist. Jetzt habe ich die Antwort!« Dann umarmt er mich so kräftig, dass ich kaum noch Luft bekomme, und schlägt mir mit voller Wucht auf den Rücken. Jeder Zuschauer muss den Eindruck haben, dass er sich freut, mich zu sehen. Als unser Trainer ruft, lässt er mich gehen, gibt mir zum Abschied aber noch einen kräftigen Schlag gegen den Rücken.

Ich kann seine Hand noch immer auf meiner Haut spüren, als die zweite Halbzeit beginnt und ich wieder im Tor stehe. Er spielt jetzt in vorderster Reihe, ist mir also viel näher.

Ich höre Chloe aus voller Lunge rufen: »BILLY! BILLY! BILLY!«, wobei sie ihre Pompons schüttelt, und wünsche mir verzweifelt, dass sie endlich die Klappe hält.

Blakemore erobert den Ball und äfft sie nach, während er auf mich zustürmt: »BILLY! BILLY!«

Ich weiß nicht, ob ich versuchen soll, den Schuss zu halten, oder nicht. Ich will nicht, dass er sauer auf mich ist. Zum Glück bleibt mir die Entscheidung erspart, weil sein Schuss weit über das Tor geht.

Er steuert auf mich zu, und dieses Mal kann ich nicht ausweichen. »Wie lange spielst du schon, BILLY PLIMPTON?«

Ich hasse es, wie er meinen Namen betont. Ich senke den Blick. »Los, antworte mir!«, zischt er. Ich schweige mit glühenden Wangen. »Bist du blöd, oder was? Warum sprichst du nie?«, fragt er. Da wird mir der Ball zum Abschlag zugeworfen.

Als ich ihn hinlege, ruft der Schiedsrichter Blakemore zu, er solle mir Platz lassen. Blakemore geht an mir vorbei, gibt mir aber einen heftigen Stoß und tut dann so, als wäre es ein Versehen gewesen. Er hebt einen Arm und zieht ein bedauerndes Gesicht. Als ich auf den Boden knalle, pfeift der Schiedsrichter und zeigt Blakemore die Gelbe Karte. Ich blicke auf und sehe, wie mich Alex von der Bank betrübt anlächelt. Immerhin lacht er nicht.

»Hat mir BILLY PLIMPTON gerade eine Gelbe Karte eingebrockt?«, brüllt Blakemore aus vollem Hals. »Keine Bange, Billy. Wir sehen uns morgen in der Schule. Dann werde ich ja hören, was du dazu zu sagen hast.«

Zehn

Was ist rot und sitzt auf der Toilette?
Eine Klomate.

Kurz bevor ich am nächsten Morgen das Haus verlasse, schließt Mum mich fest in die Arme. »Ich bin stolz auf dich, Billy. Wir vertragen uns wieder, ja?« Ich nicke. »Du hast mir gar nicht verraten, worüber du reden willst!«

Ich lächele und sage: »Daaas erzähle ich d-dir später.« Dann nehme ich meinen Rucksack.

»Mein wunderbarer Junge.« So etwas sagt sie oft: Wunderbar. Unglaublich. Erstaunlich. Großartig. Verblüffend. So bin ich in ihren Augen. Aber so möchte ich nicht sein. Ich will bloß normal sein.

William Blakemore hat nichts mitgebracht. Er »präsentiert« seine Federmappe und betont, wie »wichtig« sie ihm sei. Dann wirft er sie in die Luft und lässt sie auf den Fußboden klatschen. Ein paar Kinder lachen, weil er sich schwungvoll bückt, um sie aufzuheben.

»Gut. Danke, William«, sagt Mr Osho. »Angeblich sagt die Federmappe ja viel über einen Menschen aus. Du hast bestimmt lange nachgedacht, bis du auf diese Idee gekommen bist.«

101

»Stundenlang, Sir.« Blakemore grinst.

Ich zittere. Ich versuche, nicht daran zu denken, was er mir nach dieser Stunde antun wird.

»Der Nächste ...«, sagt Mr Osho bei einem Blick ins Klassenbuch, »ist Alex.«

Alex zeigt uns seine Hörgeräte. Das sind also die Dinger aus Plastik, die ich für Kopfhörer gehalten habe. Alex erzählt, dass er im Alter von vier Jahren sein Hörvermögen verloren hat und meist Lippen liest, mit den Hörgeräten aber wenigstens ein bisschen auf dem linken Ohr hören kann.

»Aber«, meint er, »wenn ihr mich nicht anseht, verstehe ich euch schlecht. Oder ich ignoriere euch einfach, kann auch sein.«

Alle lachen. Er klatscht mit Josh und Matthew ab, als er sich setzt, und lächelt mich an. Er wirkt stolz. Erstaunlich, finde ich und wünschte, ich wäre auch so selbstbewusst. Ich versuche, mir eine Scheibe davon abzuschneiden.

Alle anderen haben Computerspiele mitgebracht, Teddys aus ihrer Kleinkindzeit oder Fotos ihrer Haustiere. Als Skyla an der Reihe ist, zeigt sie uns das winzige Silberarmband ihrer kleinen Schwester, die eine Stunde nach der Geburt gestorben ist. Obwohl Skyla seit Jahren meine Klassenkameradin ist, wusste ich das nicht. Ich finde es mutig, dass sie davon erzählt. Mr Osho sieht aus, als würde er gleich weinen, aber Skyla wirkt ruhig. Sie meint, das sei schon lange her. Wirklich blöd, dass ich so nervös bin. Wenn sie sich traut, so etwas zu erzählen, dann sollte ich es auch schaffen.

Yasmin Ohri ist direkt vor mir dran. Sie hat ein Familienfoto mitgebracht und erzählt, wie wichtig ihre Freundinnen für sie sind, wie eine Familie. Zum Schluss legt sie ihre Finger in Form eines Herzens zusammen. Alle Mädchen jubeln und klatschen begeistert. Ich sitze da und bebe vor Angst.

Wenn ich doch bloß nicht Plimpton hieße. Denn das bedeutet, dass ich immer relativ spät an die Reihe komme und die Nervosität länger aushalten muss.

Mr Osho wartet, bis Yasmin sich gesetzt hat, dann sagt er: »Der Nächste ist … Billy?« Er zwinkert mir zu und klatscht, und alle tun es ihm gleich.

Ich stehe auf und gehe langsam mit meinem Vortragsmaterial nach vorn. Ich vermeide es, William Blakemore anzuschauen. Kein Plan, egal wie gut, kann verhindern, dass er mich nervös macht. Stattdessen sehe ich Mr Osho und Skyla an, denn sie lächeln. Ich hole mein liebstes Buch mit Witzen heraus, *999 Witze für Kinder*, und zeige es der Klasse. Dann hebe ich mein erstes Schild. Darauf steht in großen, dicken Buchstaben:

ICH HEISSE BILLY PLIMPTON,
UND ICH STOTTERE.

Meine Hand zittert, als würde sie nicht mir gehören. Ich lege das Schild weg, greife nach dem zweiten, dann nach dem dritten:

ICH HABE EIN BUCH
MIT WITZEN MITGEBRACHT ...

... ICH LIEBE WITZE.

Im Klassenzimmer ist es ganz still. Ich habe noch fünf Schilder vor mir.

LEIDER KANN ICH EUCH
HEUTE KEINEN ERZÄHLEN.

> **ES IST SCHWIERIG, EINEN WITZ ZU ERZÄHLEN, WENN MAN KEINEN SATZ ZU ENDE BRINGEN KANN.**

Ich höre ein paar Mädchen sagen: »Aaah«, und: »Der Arme.«

> **DAS WAR'S.**

Ich verbeuge mich und halte die letzten zwei Schilder hoch.

> **JETZT BITTE KLATSCHEN UND JUBELN ...**

Und sie tun es! Sie klatschen tatsächlich, und irgendjemand pfeift sogar. Ich schaue zu Mr Osho, denn ich befürchte, er denkt, dass ich geschummelt habe, weil ich nichts erzählt, sondern bloß Schilder hochgehalten habe, und dass er Mum das alles am Telefon erzählen wird. Aber sein breites Lächeln verrät mir, dass er keine Einwände hat. Also hebe ich mein letztes Schild.

> ... UND ICH WERDE DAS
> COOLSTE KIND AN DER
> GANZEN SCHULE SEIN.

Alle lachen laut, als sie das lesen, und ich verbeuge mich noch mal und kehre an meinen Platz zurück. Alex hebt eine Hand zum Abklatschen, und Josh und Matthew tun es auch. Mir schwirrt der Kopf, meine Ohren glühen. Trotzdem fühle ich mich gut. Die Leute haben gelacht! Ich bin fast erleichtert. Jetzt muss ich mein Stottern nicht mehr verheimlichen.

Als ich aufschaue, merke ich, dass William Blakemore mich anstarrt. Ich blende ihn aus und genieße den Augenblick. In diesem Moment zählt nur, dass ich es geschafft habe! Ich habe den Auftritt hingelegt, und es war okay! Besser als okay, denn es wurde gelacht! Vielleicht versuche ich bei der nächsten Gelegenheit, die Sätze laut zu sprechen.

Als ich das Klassenzimmer verlassen will, ruft Mr Osho mich zu sich und wartet, bis alle gegangen sind.

»Wie fühlst du dich, Billy?«, fragt er lächelnd.

»Ganz gut, d-denke ich.«

»Das war wirklich mutig von dir, mein Junge … und lustig obendrein. Sehr beeindruckend, finde ich.«

»D-danke.«

»Nun muss ich etwas gestehen: Während all meiner Jahre als Lehrer hatte ich noch nie jemanden im Unterricht, der stottert. Unglaublich, oder?«

Ich lächele bloß und zucke mit den Schultern, und er fährt fort.

»Deshalb brauche ich deine Unterstützung. Ginge das? Du könntest mir sagen, was dir die Sache erleichtert, was dich an anderen ärgert oder was dein Leben noch weiter erschwert. Wäre gut, wenn ich das wüsste.«

Ich nicke wieder und denke dabei an Abwartende und Ermutiger, aber das werde ich ihm jetzt nicht erklären.

Er schaut mich an und sagt, als könnte er meine Gedanken lesen: »Da gibt es sicher einiges, aber du musst mir natürlich keinen Vortrag über deine gesammelten Lebenserfahrungen halten! Und deshalb …« Er kramt in seinem Pult und holt zwei kleine Notizhefte heraus, eins mit blauen Streifen, das andere mit einem Schlagzeug und den Wörtern RUMS und BUMS auf dem Umschlag.

»Nimm eines«, sagt er.

Ich greife spontan nach dem Heft mit dem Schlagzeug.

»Ich dachte mir schon, dass du dieses nimmst, denn ich habe gesehen, wie du mit deinen Stiften trommelst! Ich habe auch mal Schlagzeug gespielt, vor der Trompete.

Allerdings war ich nicht sehr gut, und es ist ewig her, aber ich könnte dir am Schlagzeug der Schule ein paar Tricks und Techniken zeigen, wenn du möchtest.«

»Ja, gern!«

»Super. Und was dieses Heft betrifft – wenn dir etwas einfällt, was dir das Leben erleichtert, dann schreib es auf, ja? Es ist kein Schulheft, du kannst also nach Belieben darin herumkritzeln, aber wenn dir etwas einfällt, dann schreib es bitte auf. Ich schaue es mir am Ende jeder Woche an. Wie wäre das?«

»Gut. D-danke, Sir.«

Ich will schon gehen, das neue Notizheft in der Hand, als mir etwas einfällt. Ich bleibe stehen und drehe mich um. »D-d-d-da fällt mir t-tatsächlich etwas ein, Sir.«

»Ja?«

»E-e-es ist zzzz…« Mr Osho wartet, während ich feststecke. »… ziemlich schlimm, a-a-am Ende der N-Namensliste zu stehen.«

Er denkt einen Moment nach. »Weil du so lange warten musst?«

»Ja, es w-wäre mir lllieber, es schnell hinter mich zu bringen. A-a-a-aber ich will auch nicht ganz am Anfang stehen!«

»Ja, sicher, ich verstehe. Das lässt sich leicht lösen, keine Sorge. Ich benachrichtige alle Lehrer, und dann rücken wir dich weiter nach vorn. Vielleicht lasse ich die Namenslisten sogar komplett ändern und auf Vornamen umstellen. Dann wärst du als einer der Ersten dran, und die Reihenfolge der anderen würde sich auch ändern. Wie wäre das?«

»Wirklich?«, sage ich.

»Aber sicher, Billy, kein Problem. Deshalb bitte ich dich ja, mir alles zu sagen. Wenn du permanent unter Strom stehst, kannst du weder den Unterricht genießen noch besonders viel lernen, stimmt's? Ich möchte glückliche Kinder in meiner Klasse!«

»D-danke, Sir«, sage ich, senke den Blick auf das Notizheft und habe das Gefühl, dass dieser Tag immer besser wird.

Beim Mittagessen setzt Skyla sich neben mich, und ich habe ausnahmsweise nicht den Drang, vor ihr wegzurennen.

»Super Vortrag«, sagt sie und schiebt sich Pommes in den Mund. Sie sieht echt hungrig aus.

»D-d-deiner hat mir auch g-gefallen«, flüstere ich. »D-das mit deiner Schwester t-tut mir llleid. Das wusste ich gar nicht.«

»Danke. Meine Mum ist seitdem ziemlich fertig und liegt meist im Bett, aber mir geht's gut. Ich kann auf mich selbst aufpassen.«

Ich weiß nicht, was ich darauf erwidern soll, aber es ist gut, etwas gesagt zu haben, auch wenn es nur geflüstert war. Wir sitzen nebeneinander und essen, und mir wird bewusst, wie schön es ist, dass sie neben mir sitzt. Nach dem Essen entfernt sich Skyla im Flur, und ich frage mich, ob ich ihr folgen soll, aber sie dreht sich nicht nach mir um, und deshalb latsche ich wie üblich herum. Heute ist es aber anders als sonst. Ich sehe, wie Zappel-Josh und Bohnenstangen-Matthew auf mich zukommen.

»Hi, Billy«, sagt Josh im Näherkommen.

»Hi«, flüstere ich.

»War ein prima Vortrag. Ein echter Knaller!«, sagt Matthew.

»Danke.« Meine Stimme wird mit jedem Wort etwas lauter.

»Ich bin auch ein großer Fan von Witzen«, ergänzt er. »Wie bringt man ein Eichhörnchen dazu, einen zu mögen?«

»I-i-indem man sssich aufführt wie eine d-dumme NNNuss?«, flüstere ich, schiele dann und lege einen kleinen Tanz hin.

Er lacht und klopft mir auf den Rücken. »Du kennst ihn schon! Wir sind mit Alex in der Music Lounge verabredet. Kommst du mit?«

»K-k-k-kann sein, dass ich nachkomme«, murmele ich, und als sich die beiden entfernen, winken sie mir.

Ich schaue ihnen nach und weiß, dass ich nicht hingehen werde, jedenfalls nicht heute, aber das ist egal, denn obwohl ich wieder allein durch die Flure laufe, fühle ich mich anders als sonst. Ich bin nicht mehr unsichtbar.

Elf

Wie viele Buchstaben hat das Abc?
Na, drei.

Am nächsten Tag hält Blakemore im Geschichtsunterricht einen Zettel hoch, als Mrs Nice nicht hinschaut. Darauf steht:

```
AAAALLLE HABEN MMMMMITLEID
   MIT BBBBBILLY PPPLIMPTON
```

Einige Mitschüler schauen ihn stinksauer an, andere lachen hinter vorgehaltener Hand. Skyla schnappt sich den Zettel und zerfetzt ihn.

»Skyla Norkins, gibt es einen Grund dafür, dass du Eigentum der Schule zerreißt?« Mrs Nice ist nett, kann aber sehr streng sein, und wenn sie jemanden zurechtweist, tut sie das, ohne die Stimme zu heben, was viel wirkungsvoller und einschüchternder ist als Schreien.

»Nein, Miss. Entschuldigung.«

»Gut. Ich will das nicht noch einmal erleben.«

Als ich mich zu Blakemore umdrehe, zeigt er einen neuen Zettel:

SKYLA STINKT

Ich wünschte, ich hätte auch den Mut, ihm das Ding aus der Hand zu reißen und es zu zerfetzen. Ich muss an Skyla denken, die auf sich selbst aufpasst und zu Hause allein zu Abend isst, weil ihre Mutter im Bett liegt.

Ab da schreibt Blakemore in jeder Stunde einen neuen Zettel. Ich versuche, sie zu ignorieren. Ich will gar nicht lesen, was darauf steht, aber ich kann nicht anders.

EEERZÄHL UNS EINEN
WWWWWITZ, BBBBBILLY

> BBBBBILLY KKKKANN NICHT
> MAL RICHTIG RRRREDEN

> BBBBILLY PPPPLIMPTON
> LIEBT DIE SCHÄBIGE S-S-SKYLA

Als ich mittags umherwandere, entdeckt Blakemore mich und packt mich beim Arm. Er zerrt mich durch den Flur und flüstert: »Wehe, du petzt, Plimpton.« Dann lacht er in sich hinein. »Ha, da habe ich doch glatt vergessen, dass du gar nichts erzählen KANNST, hab ich recht?« Und dann stößt er mich in die Jungentoilette und holt sein Handy heraus.

»Du legst jetzt einen kleinen Auftritt hin, Billy. Ich weiß, dass du Witze magst, also keine Sorge, denn es wird lustig. Das wird deine erste Show als Witzbold! YouTube wird explodieren, wenn die Leute das sehen.« Dann drückt er auf Aufnahme und richtet sein Handy auf mich.

Ich weiß nicht, was er vorhat, und befürchte, er könnte mich zwingen, mich auszuziehen oder aus dem Klo zu trinken, aber dann meint er: »Du sagst jetzt das Alphabet auf, Billy. Wenn du damit durch bist, kannst du gehen.« Dabei grinst er mich fies an. »Aber denk daran, dass du es sauber und ordentlich aufsagen musst. O-o-o-ohne zu stocken.«

Ich will wegrennen, aber er packt mich und schubst mich zurück. Ich habe keine Chance, denn Blakemore ist doppelt so groß und breit wie ich. Ich stehe knallrot und zitternd da. Wenn ich bloß dastehe und schweige, wird er sich irgendwann langweilen.

Doch Blakemore sagt nur: »Lass mich nicht warten, Billy«, und schlägt mich so heftig in die Magengrube, dass es wehtut.

Ich beschließe, ihm zu gehorchen, so schlimm kann es ja nicht sein. »A, B-B-B-B-B …«

»So nicht, Billy … Noch mal von vorn!«

So geht es fünfundzwanzig Minuten. Ich habe währenddessen den Uringestank in der Nase, und Blakemore lacht bei jedem Buchstaben. Es ist so sinnlos, immer wieder bei »A« zu beginnen, weil ich weiß, dass ich es nie bis zum »Z« schaffen werde, aber ich muss weitermachen. Mit jedem neuen Anlauf ist es demütigender. Ich schaffe es nur bis zum »D«. Schließlich wird es ihm langweilig, er schubst mich gegen die Tür und schlendert davon. Ich bin total kaputt und möchte nur noch nach Hause und dort ins Bett kriechen.

Nach Schulschluss erwartet mich Dad am Tor. Er holt mich sonst nie ab. Das heißt, dass etwas passiert ist. Er wirkt bedrückt und ist sehr still. Zuerst denke ich, dass

es mit mir zu tun hat. Vielleicht habe ich irgendwas ange-
stellt. Auf einmal werde ich panisch, und meine Gedanken rasen. Ob er das Video von Blakemore gesehen hat?
Dann beugt er sich zu mir herunter, nimmt meine Hände
und schaut mir in die Augen.

»Großbutter liegt im Krankenhaus, Billy. Sie hatte einen Schlaganfall.«

Ich weiß nicht, was ein Schlaganfall ist. Sicher etwas
Schlimmes, das merke ich daran, *wie* er es sagt. Unterwegs schweigen wir. Ich zähle alle roten Autos, die ich
sehe. Ich komme auf vierzehn. Wenn ich aufhöre, Autos
zu zählen, denke ich daran, dass Großbutter krank ist.
Also zähle ich immer weiter. Sobald ich zu Hause bin,
googele ich »Schlaganfall«.

**Ein Schlaganfall ist eine ernst zu nehmende, lebens-
bedrohliche Erkrankung, die eintritt, wenn die Blut-
zufuhr zu einem Teil des Gehirns unterbunden wird.**

Dadurch fühle ich mich nicht gerade besser. *Lebensbe-
drohlich.*

Mum lässt mich nicht ins Krankenhaus. »Wir müssen
erst mal wissen, wie es aussieht. Ich muss zuerst nach ihr
schauen.« Sie sieht hundemüde aus. Ich würde gern dis-
kutieren. Ihr sagen, dass Großbutter mich braucht. Dass
ich bei ihr sein *muss*. Doch als ich Mums trauriges, er-
schöpftes Gesicht sehe, als sie nach ihrer Handtasche
greift und zur Tür geht, entscheide ich mich dagegen.

115

Dad meint, ich dürfe das iPad haben, bis sie zurück ist. Ich lasse mich neben Chloe auf das Sofa fallen und schaue mir meine Lieblingskomiker auf YouTube an. Weil Großbutter so krank ist, kommt es mir aber nicht richtig vor, Leuten zuzugucken, die Witze reißen. Während ich den Bildschirm anstarre, fällt mir Blakemore ein, der lachend sein Handy auf mich richtet. Was, wenn er die Aufnahme ins Netz gestellt hat? Ich schaue unauffällig zu Chloe, aber sie ist in einen Pony-Trickfilm vertieft und beachtet mich nicht. Also suche ich nach dem Video und bete, dass ich es nicht finde. Ich sehe unter Blakemore und meinem Namen nach und dann unter allen Stichworten, die mir einfallen: *Stotternder Junge; gestottertes Alphabet; Junge, der nicht sprechen kann; komischer Stotterer; Abc-Stotterei.* Ich seufze erleichtert, als keine Treffer kommen, denn es wäre für Mum eine Überforderung, wenn ich jetzt auch noch viral gehe, weil man mich mobbt.

Dann sitze ich nur da und frage mich, was ich gucken soll. Schließlich entscheide ich mich für Großbutters Lieblingsfolge von *Unser Blauer Planet.* Ich denke nur noch an Dumbo Oktopus und versuche, mir alle Fakten einzuprägen, um sie Großbutter zu erzählen, wenn ich sie besuche. Als die Folge vorbei ist, starte ich sie erneut. Chloe reagiert richtig gereizt, als sie auf meinen Bildschirm schaut.

»Warum guckst du das noch mal, Billy? Du nervst.«

»Du nervst mit deinem l-l-langweiligen Pony-Quatsch!«

Das schreie ich, und dann kommt Dad rein und sagt, Chloe müsse ins Bett.

»Und er?«, jault sie.

»Er ist älter als du.«

»Und was ist mit Großbutter?«

»Ich wecke dich, wenn etwas passiert.«

»Wwwie meinst du das?«, frage ich. »Meinst du, wenn sie st-st-st...«

»Das REICHT! Danke, Billy. Chloe – ins Bett, sofort, wenn ich bitten darf.« Sie weiß, dass Widerstand zwecklos ist.

Später, ich schaue zum dritten Mal *Unser Blauer Planet*, höre ich Mum. Ich drücke auf Pause und laufe in meinen Hausschuhen nach draußen. Sie wirkt noch müder und scheucht mich wieder hinein. Als Dad sie in die Arme nimmt, beginnt sie zu weinen. Daraufhin heule ich auch, weil ich glaube, Großbutter sei tot, aber dann sagt sie schluchzend: »Es geht ihr gut. Die Ärzte sagen, sie wird wieder. Es war nur ein leichter Schlaganfall.«

Ich bin verwirrt. Warum heult Mum, wenn Großbutter außer Gefahr ist? Ich wische über meine Augen und umarme sie. Sie sieht aus, als hätte sie eine Umarmung bitter nötig.

Ich darf Großbutter am nächsten Tag besuchen. Im Krankenhaus riecht es komisch. Beim Betreten und Verlassen müssen wir unsere Hände mit einem eisigen Zeug einreiben. Daraufhin mache ich mir Sorgen wegen Bakterien und mag nichts anfassen. Ich öffne alle Türen mit dem Ellbogen. Mum nennt mich einen »komischen Vogel« und ergänzt verärgert, ich solle das lassen. Das sagt sie auch, wenn wir im Supermarkt zu viel von diesem eisigen Zeug nehmen.

»Du brauchst nur einen Klecks, keinen ganzen Liter!«, zischt sie. »Ehrlich, Billy!«

Im Bett neben Großbutter liegt ein alter Herr, der ständig laut stöhnt und sagt: »Helfen Sie mir.«

Mum holt eine Krankenschwester, aber kaum ist diese wieder zur Tür hinaus, bittet er weiter um Hilfe. Das ist irgendwie beängstigend. Er sieht mich an, wenn er fleht. Ich würde ihm ja gern helfen, weiß aber nicht, wie. Dann bekommt Chloe Angst und beginnt zu heulen. Also wird sie von Mum nach draußen gebracht.

»Du bleibst bei Großbutter, Billy. Ich gehe mit Chloe kurz an die frische Luft.«

Ich hoffe, Chloe kommt nicht wieder. Das wäre mir nur recht. Ich will mit Großbutter allein sein. Ich will den ganzen Tag bei ihr bleiben, obwohl sie müde ist und immer wieder einschläft, während ich erzähle. Mit dem Krankenhauskittel und dem Plastikband am runzeligen Handgelenk wirkt sie steinalt. Sie ist bleich, kann nicht gut sprechen, und ihr rinnt Speichel aus einem Mundwinkel. Beim Anblick des Speichels wird mir etwas mulmig. Mum wischt ihn mit dem Taschentuch weg, und nachdem sie mit Chloe gegangen ist, tue ich das auch. Zuerst kommt es mir komisch vor, aber ich gewöhne mich daran.

118

Großbutters Stimme ist schwach, und sie lallt, ich kann sie also schwer verstehen.

»Erzähl mir einen Witz, Billy«, lallt sie.

»Rate m-m-mal, wen ich g-gestern gesehen habe, Großbutter!«

»Wen denn?«

»Jeden, d-den ich angeschaut habe!«

Ich kann spüren, wie sie lacht, Tränen treten ihr in die Augen. Da muss ich auch weinen, urplötzlich, die Tränen kommen einfach so aus meinen Augen, während ich ihre Hand halte und spüre, wie sie vor Lachen bebt.

Sie schaut mich an und drückt ganz fest meine Hand. »Ich bleibe euch erhalten, Billy. Wisch die Tränen weg. Du wirst mir noch viele Witze erzählen, keine Bange. Erzähl etwas, Billy.«

Dann verstummt sie und hört nur noch zu, wobei sie meine Hand hält. Ich erzähle von der Schule, und danach rede ich über Dinge, die sie mag. Ich erzähle immer wieder von dem Oktopus in *Unser Blauer Planet*. Ich berichte, dass er in der Tiefsee lebt und extrem selten ist. Dass man ihn nie zu Gesicht bekommt, weil er in so großer Tiefe lebt.

Ich weiß noch, wie sie einmal sagte: »Ein Jammer, dass sie nicht an die Oberfläche kommen. Die Leute wären doch glücklich, wenn sie ein solches Tier sehen würden.« Ich weiß noch, dass ich dachte, die Leute würden vermutlich panisch schreien oder den Oktopus töten, wenn er an die Oberfläche käme. Die Leute mögen es nicht, wenn jemand anders ist. Das ist jedenfalls meine Erfahrung.

Mit jemandem zu reden, der nichts sagt, ist ganz schön schwierig. Als mir der Gesprächsstoff ausgeht, lese ich aus dem Buch vor, das auf dem Tisch neben ihrem Bett liegt. Das Cover zeigt ein kleines Landhaus, umgeben von Blumen. Nachdem ich das Kapitel vorgelesen habe, erzähle ich noch ein paar Witze. Großbutter ist zu müde, um lachen zu können, schließt die Augen und drückt aber bei jeder Pointe meine Hand.

Chloe schläft auf der Heimfahrt im Auto ein, und ich tue so, als würde ich auch schlafen. Das mache ich manchmal, wenn ich Mum und Dad belauschen will. Ich weiß genau, wie ich atmen muss. Am Anfang hat es Mum meinem Atem angemerkt, wenn ich nur so getan habe. Aber inzwischen lege ich sie jedes Mal rein.

Sie sagen, Großbutter müsse nach der Entlassung aus dem Krankenhaus vielleicht in ein Pflegeheim.

»Die Krankenschwestern meinten, es sei denkbar, dass sie eine Rundum-Betreuung braucht. Beim Essen und wenn sie auf Klo will«, sagt Mum. Sie klingt tief besorgt.

»Warten wir's ab«, erwidert Dad. »Sie ist ein Stehaufmännchen, vielleicht ist sie im Nullkommanichts wieder fit.«

»Wenn jemand bei ihr gewesen wäre, sagen sie, wären die Folgen des Schlaganfalls vielleicht nicht ganz so schlimm, weil sie dann schneller ins Krankenhaus gekommen wäre. Ich habe solche Schuldgefühle, Ian.«

Ich stelle mir vor, wie Großbutter hilflos in ihrer Wohnung liegt, und das schnürt mir die Kehle zu. Ich tue so, als wäre ich gerade aufgewacht, und sage zu Mum, Großbutter könne ja bei uns einziehen und in meinem Zimmer wohnen, ich würde dann eines mit Chloe teilen.

»Dann könnte ich mich um sie kümmern«, sage ich.

Mum sagt lachend: »Das ist wirklich lieb, mein Schatz, aber sie kann nicht bei uns wohnen.«

»Wwwarum nicht?« Ich habe den Eindruck, dass sie mir nicht richtig zugehört hat.

»Weil wir nur eine Toilette haben, Billy, und die ist im Obergeschoss. Sie ist schon vorher kaum noch die Treppe hinaufgekommen. Und ich glaube nicht, dass der Schlaganfall die Sache besser macht.« Sie klingt jetzt wütend und hat rote Flecken im Gesicht. Sie sieht aus, als müsste sie weinen, und mir fällt ein, dass Großbutter *ihre* Mum ist.

Ich vergesse das manchmal, weil ich mir einbilde, sie würde mir ganz allein gehören. Meine Großbutter. Ich überlege, wie ich mich fühlen würde, wenn Mum so etwas passieren würde. Wenn ich sie in ein müffelndes Heim voller stöhnender Männer stecken müsste. Wenn ich *ihr* Sabber aus dem Mundwinkel wischen müsste. Da schnürt es mir wieder die Kehle zu, und ich verdränge den Gedanken.

»E-e-entschuldige, Mum.«

»Schon gut, mein Schatz. Ich weiß, wie schrecklich das

für dich ist. Sie liebt dich über alles, das weißt du, oder? Du und deine Witze sind die Lichtblicke in ihrem Leben.«

»Ja, ich weiß«, erwidere ich, und das stimmt. Ich habe vor Augen, wie Großbutter auf ihrem Blümchensofa sitzt, und muss an mein Fingerhakeln-Versprechen denken.

Zwölf

Wie nennt man einen Keks, der gemütlich unter einem Baum liegt?
Ein schattiges Plätzchen.

Nach dem Mittagessen aus Pizza, Pommes, Apfelsaft und Joghurt (Skyla und ich essen jetzt jeden Tag das Gleiche) verkrümele ich mich für den Rest der Pause ins Theater und sitze in den leeren Rängen. Sie ist einmal mitgekommen, hat aber nicht ganz kapiert, was das soll.

»Du sitzt hier bloß rum?«

»Ja.«

»Und wieso?«

»Ich b-betrachte gern die Bühne.«

»Manchmal weiß ich echt nicht, warum ich mich mit dir abgebe, Billy!« Dann gab sie mir einen Knuff gegen den Arm, hängte sich die Tasche über die Schulter und ging zur Tür. Dort blieb sie stehen und rief mir zu: »Vielleicht solltest du eines Tages *auf* der Bühne stehen, du Sonderling! Bis gleich im Klassenzimmer, Bilbo.«

Wenn im Theater etwas los ist, wenn Leute auf der Bühne singen oder tanzen, schaue ich entweder durch das kleine Fenster zu oder suche mir eine ruhige Ecke, um dort zu lesen. Ich meide alle Orte, wo ich sprechen müsste. Die Bücherei ist in der Mittagspause okay, und unter der Treppe gibt es eine prima Nische zum Lesen, in der mich niemand sieht. Manchmal laufe ich herum und schaue auf der Suche nach Skyla durch die Fenster des Kunstraums, kann sie aber nie entdecken. Sie verrät mir nicht, wohin sie sich verzieht. »Geht dich nichts an! Außerdem würden die Leute noch mehr über uns lästern, wenn wir zu viel Zeit miteinander verbringen.«

Es ist schön, wenigstens beim Mittagessen mit jemandem reden zu können. In jeder Stunde zu schweigen, ist echt hart, vor allem wenn man die Antworten weiß, aber sich nicht traut, sie laut zu sagen. Deshalb muss alles, was ich den Tag über angestaut habe, mittags raus. Ich erzähle Skyla jetzt sogar Witze, nicht im Flüsterton, sondern mit normaler Stimme. Sie ist als Publikum okay, ahnt die Pointe aber leider meist voraus. Großbutter ist da die bessere Zuhörerin. Sie merkt nie, worauf ich hinauswill.

»H-h-h-heute habe ich was I-Interessantes erfahren, Skyla.«

»Ah, ich ahne, was kommt ... und was?«, fragt sie und verdreht die Augen.

»Weißt du, wwwarum V-Vögel im Winter in wärmere RRRegionen fliegen?«

»Weil sie nicht frieren wollen?«

»Nein, wwweil das leichter ist, a-als zu gehen!«

Sie schnaubt und nimmt ihr Tablett. »Gehen dir die Witze eigentlich irgendwann mal aus?«

»NNNNNIEMALS!«, sage ich laut und lache dann teuflisch. »Hua-ha-ha-ha!« Ich reibe meine Hände wie ein Schurke. Das bringt sie zum Lachen, und sie geht mit ihrem Tablett aus der Mensa.

Skylas Bemerkung, dass ich lieber auf der Bühne stehen sollte als davor, hat mich auf eine Idee gebracht: Heute lautet mein Plan für die Mittagspause, endlich auf die Bühne im Theater zu gehen. Um zu wissen, wie sich das anfühlt. Ich habe es auch schon die letzten Tage versucht, hatte aber zu viel Schiss davor, weil ich mich vor den leeren Rängen fürchte, die mich anstarren. Zuerst habe ich es nur bis zu den Stufen geschafft, die seitlich auf die Bühne führen, aber immer wenn ich sie erklimmen wollte, pochte mein Herz wie wild, und meine Beine wurden zu Wackelpudding. Dann habe ich mir jeden Tag eine Stufe mehr vorgenommen und gestern endlich die oberste erreicht. Nur noch ein Schritt, und der ist heute dran. Deshalb bin ich tierisch nervös.

Ich werde Skyla erst davon erzählen, wenn ich es geschafft habe. Ich schlinge mein Mittagessen im Rekordtempo hinunter und sause aus der Mensa. Doch weit komme ich nicht, denn William Blakemore steht im Flur. Er lehnt an der Wand, als hätte er auf mich gewartet. So ist das inzwischen immer, er hat es echt auf mich abgesehen. Meistens verfolgt er mich nach dem Mittagessen, aber gelegentlich überrascht er mich auch vor der Bücherei oder zwischen zwei Unterrichtsstunden. Er macht einen ziemlich guten Job als Mobber. Hängt sich richtig rein.

Er packt mich bei den Schultern, drückt kräftig zu und befiehlt mit seiner grässlichen Stimme: »Sag: Entschuldigen Sie bitte, Lord William.«

Meistens ist jemand da, der mir hilft, wenn er mich mal wieder mobben will. Elsie und Yasmin sagen ihm ständig, dass er mich in Ruhe lassen soll. Nach dem WAS-MICH-AUSMACHT-Vortrag meinten sie, ich sei »süß«, und natürlich gibt es auch noch Skyla. Letzte Woche hat sie Blakemore sogar eine geknallt, als er nach dem Computerunterricht meinen Rucksack durch die Gegend schmiss. Dafür hat sie richtig Ärger bekommen. Ich wünschte, ich hätte den Mumm, ihm eine zu knallen. Blakemore lästert nämlich auch über Skyla. Er erzählt üblen Dreck über ihre Familie.

Als ich mich heute umschaue, ist sie aber nirgendwo in Sicht, niemand ist da, und deshalb bleibt mir wohl keine andere Wahl, als zu tun, was er will.

»Biiitte e-e-e-entschuldigen Sie, L-L-L-Lord William.«

Als ich diesen demütigenden Satz beendet habe, versuche ich, mich an ihm vorbeizuzwängen. Er tut so, als müsste er zu sehr lachen, um aus dem Weg gehen zu können, gibt mir einen heftigen Schlag auf den Rücken, packt mich wieder und sagt: »Du bist ja soooo lustig. Danke, Billy. Danke!« Er krallt mir die Finger in die Schultern, seine Daumen bohren sich unter meine Schulterblätter. Ich weiß, dass er mich nicht gehen lässt. »Und? Was wwwwillst du als Nächstes sagen, B-B-B-B-B-Billy, hä?«, höhnt er.

Während er überlegt, was ich als Nächstes sagen soll, löst er eine Hand von meiner Schulter, um sich am Kopf zu kratzen.

Das ist die Gelegenheit. Wer will ich in diesem Moment sein? Der Junge, der sich alles gefallen lässt, oder der Junge, der etwas unternimmt?

Ich nutze die Chance, entziehe mich seinem Griff und renne. Ich bin kein guter Läufer, aber William Blakemore läuft *lausig*, das habe ich im Sportunterricht erlebt, ich weiß also, dass ich entwischen kann. Das hindert ihn aber nicht daran, mich zu verfolgen. Während ich durch den Flur rase, mit pochendem Herzen und aus dem Kopf quellenden Augen, sehe ich links von mir eine offene Tür. Ich flitze hinein und knalle sie hinter mir zu.

Ich schließe die Augen und atme ein paarmal tief ein und aus, als jemand sagt: »Billy! Na, das ist ja ein stürmischer Auftritt. Wie schön, dass du so darauf brennst, bei uns zu sein! Herein! Immer herein!«

Ich bin in *Mr Oshos Music Lounge* gelandet. Die hatte ich total vergessen! »Du kommst goldrichtig«, fährt er fort. »Ich bin mit dem Korrigieren fertig und brauche einen Mitspieler. Lust auf ein Spiel? Wir müssen sowieso mal wieder reden, hm?«

Ich nicke und schaue mich um. Im Hintergrund läuft leise Musik, und ein paar Kinder sind in Sitzsäcken versunken und quatschen. Bohnenstangen-Matthew, Zappel-Josh und Alex sind auch da, sie sitzen an einem niedrigen Tisch und spielen ein kompliziertes Spiel mit Orks und

127

Kriegern. Als sie den Kopf heben und mich sehen, winken sie. Alles wirkt so friedlich und sicher. So sehr, dass ich William Blakemore schlagartig vergesse.

Mr Osho sitzt vor einem großen handgeschnitzten Brett, auf dem Spielsteine in Mulden liegen. »Wir hören gerade Miles Davis«, sagt er und schwenkt einen Arm. »Kennst du Miles Davis?«

Mr Osho hat mich schon mehrmals gefragt, ob er in mein Notizheft schauen dürfe, aber ich weiß nicht, was ich hineinschreiben soll. Ich kann ja schlecht schreiben: WERFEN SIE WILLIAM BLAKEMORE VON DER SCHULE. Oder? Wenn ich Blakemore verpfeife, wäre mein Leben die Hölle. Deshalb sind alle Seiten leer. Mr Osho ist immer etwas geknickt, wenn er das sieht. Wenn er wissen will, ob es mir gut geht, nicke ich bloß und flüstere, alles sei okay. Ich kann ihm ja schlecht beichten, dass ich seit dem Tag des WAS-MICH-AUSMACHT-Vortrags nichts mehr gesagt habe, außer zu Skyla. Ich kann ihm schlecht beichten, dass ich nur dann nicht im Flüsterton spreche, wenn William Blakemore mich zwingt.

Während Mr Osho mit seiner freundlichen, besorgten Miene darauf wartet, dass ich etwas erzähle, wird mir klar, dass ich tatsächlich gern normal mit ihm reden möchte. Ich muss ja nicht von Blakemore erzählen, richtig? Ich kann einfach »plaudern«.

»Mmmmeine Großmutter mag M-M-M-Miles Davis«, antworte ich. Als ich mich von Großbutter reden höre, kommt mir das komisch vor. Ich hoffe mal, ich werde nicht knallrot. Wenn ich mir vorstelle, wie sie in ihrem kleinen, überheizten Zimmer sitzt und Miles Davis hört, und danach an ihr Bett im Krankenhaus denke, schnürt es mir die Kehle zu.

Mr Osho legt mir eine Hand auf die Schulter und sagt: »Dann ist deine Oma ein sehr besonderer Mensch.« Anschließend zeigt er auf das Brett und fragt: »Kennst du Mancala?« Ich bin heilfroh, dass er nicht weiter nach Großbutter fragt, und schüttele lächelnd den Kopf.

Er habe das Brett als Kind bekommen, erzählt er, während eines Besuchs bei seinen Großeltern in Nigeria. Sein Großvater habe es für ihn geschnitzt, sagt er. Er streicht so behutsam über das glatte Holz, als würde es ihm viel bedeuten. Ich traue mich nicht zu fragen, ob sein Großvater noch lebt.

»Die Steinchen sind die Samenkapseln eines Baumes«, sagt er. »Wenn man sie schüttelt, hört man, wie die kleinen Samen darin klappern.«

Ich schüttele eine Kapsel neben meinem Ohr. Sie fühlt sich gut an. Ganz glatt.

Er gewinnt vier Mal, und dann gewinne ich.

»Magst du Witze immer noch so gern, Billy?«, fragt er, als wir die Steinchen für eine letzte Runde einsammeln.

»Nicht mehr so«, antworte ich.

»Ach ja?«

»Im MMMoment i-interessiere ich mich m-m-mehr für Bücher«, sage ich und leite so den perfekten Witz ein, während wir mit dem Spiel beginnen.

129

»Und was liest du gerade?«

»Ich lese ein Buch über die Schwwwwerelosigkeit, Sir. Es ist e-e-echt klasse … ich kann es nnnnicht aus der Hand legen.« Dann fuchtele ich herum, als müsste ich es festhalten, weil es sonst davonschwebt. »Verstehen Sie, Sir? Ein B-B-B-Buch über Schwerelosigkeit, das ich b-b-b-buchstäblich nicht aus der Hand legen kann!«

Daraufhin lacht er schallend und lässt eine Hand auf den Tisch klatschen. Alle schauen zu uns, und das ist mir peinlich. Aber Mr Osho könnte der beste aller Zuhörer sein, denke ich, vielleicht genauso gut wie Großbutter. Ich werde ganz sicher weitere Witze an ihm ausprobieren.

»Du bist wie geschaffen für ein Leben auf der Bühne, Billy«, sagt er, als er einen Stein setzt.

»Wwwohl kaum, Sir. Man k-k-kann nicht auf der Bühne stehen, wenn man nicht mal r-richtig spr-r-rechen kann.« Diese Worte überraschen mich selbst, weil sie so ehrlich sind, aber Mr Osho strahlt etwas aus, das mir das Gefühl gibt, es wäre absolut in Ordnung, dass ich bin, wie ich bin.

»Warum denn nicht?«, erwidert er. »Außerdem sprichst du ›richtig‹, wenn auch etwas anders. Weißt du, was? Es ist vollkommen okay, aus dem Rahmen zu fallen, vor allem als Bühnenkünstler. Kreative Menschen müssen sich von anderen unterscheiden. Wusstest du, dass Elvis Presley gestottert hat?«

»Nein!«

»Doch, und Ed Sheeran auch.«

130

»Das ist m-mir total neu«, sage ich.

»Es darf dich nicht davon abhalten zu tun, was du willst, Billy.«

Beim Klingeln packe ich alles ein und gehe zu unserem Klassenzimmer. Ich setze mich wie gewohnt neben Alex. Nach meinem Gespräch mit Mr Osho bin ich selbstsicherer und beschließe, es darauf ankommen zu lassen.

»W-w-w-was habt ihr gespielt?«, frage ich und versuche, nebensächlich zu klingen.

»Es heißt Castle Panic«, antwortet er. »Ist der Hammer.«

Dann sagt Josh hinter mir: »Wenn du willst, können wir dir zeigen, wie es geht.«

»J-j-ja, das wäre schön«, sage ich. Als ich aufblicke, merke ich, dass Skyla mich mit ihrem leisen Lächeln beobachtet, doch Blakemore, der direkt hinter ihr sitzt, lächelt auf eine ganz andere Art.

Dreizehn

Was isst ein Informatiker abends am allerliebsten beim Fernsehen?
Mikrochips.

Diese Woche ist Großbutter ins Pflegeheim gezogen. Sie ist noch zu »schwach«, um wie üblich sonntags zum Mittagessen zu kommen, deshalb besuchen wir sie nach dem Fußballspiel (das wir natürlich verloren haben) in ihrem neuen Zimmer. Es ist noch überheizter. Sie hat all ihre Sachen hier, nur ist das Zimmer viel kleiner als ihre Wohnung und deshalb sehr gedrängt.

Das Seniorenheim, es heißt *The Oaks*, ist ein niedriges Gebäude aus rotem Backstein, und fast alle Menschen liegen nur im Bett oder sitzen im Rollstuhl. Ich sehe ein paar Leute in einem großen Raum in Sesseln schlafen und frage mich, ob sie tot sind. Es erinnert an ein Krankenhaus. Es riecht schrecklich. Nach Essen und Verwesung. Der einzige Vorteil besteht darin, dass ich zu Fuß dorthin gehen kann, also nicht von Mum gefahren werden muss. Nach dem Besuch gehe ich allein nach Hause, weil ich wissen will, wie lange es dauert. Ich brauche genau acht Minuten.

Ich werde Großbutter täglich besuchen und ihr jedes Mal einen neuen Witz erzählen.

Ich glaube, sie hat Angst im Heim. Jedenfalls wirkt sie verängstigt. Sie sieht mich an wie der alte Herr, der im Krankenhaus um Hilfe gefleht hat. Als sie mich so ansah, wäre ich am liebsten weggerannt, um mich unter meiner Bettdecke zu verstecken. Der bloße Gedanke daran macht mir Angst. Ich sollte besser an etwas anderes denken. Wie Mum immer sagt, wenn ich mir Sorgen mache: »Denk einfach an etwas anderes. Umschalten, Billy.«

Mein Gehirn gehorcht aber nicht immer. Es schaltet immer wieder auf das Sorgen-Programm um. Keine Ahnung, wie ich das verhindern kann. Aber gut, ich probiere es mal und schalte um.

Am Freitag bin ich wieder bei Sue. Nachdem wir über den WAS-MICH-AUSMACHT-Vortrag gesprochen und einige Spiele mit den *Smoothies* gespielt haben, meint sie, ich könne mich jetzt »größeren Herausforderungen« stellen. Sie will bis zum nächsten Termin jeden Mittwoch mit mir telefonieren, um »die Angst zu bekämpfen«. Ich nicke, denke aber, dass ich ihre Anrufe vielleicht nicht annehme. Telefonate sind das reine Grauen.

Als wir gehen, gibt sie uns die DVD eines Dokumentarfilms. Sie meint, er sei »inspirierend«. Wir gucken ihn nach dem Abendessen. Es geht um eine Schule, in der stotternde Menschen zwei Wochen leben und an ihrem Stottern arbeiten können. Sie dürfen währenddessen mit niemandem sprechen, den sie kennen. Sie machen irgendwas mit Bändern um den Bauch und latschen los, um auf der Straße irgendwelche Fremden zu fragen: »Können Sie mir bitte sagen, wie spät es ist?« Und: »Wissen Sie, wo es zum Museum geht?« Sie tun das, obwohl sie die Antworten kennen. Für mich ist allein die Vorstellung der blanke Horror.

In dieser Doku stottern alle viel schlimmer als ich! Ich habe noch nie so viele stotternde Menschen auf einem Haufen erlebt. Manche sind beinahe unheimlich. Eine Frau klingt wie eine jaulende Katze, wenn sie spricht. Ein Typ stockt so sehr, dass er aussieht, als bekäme er gleich einen Anfall. Sie tun mir wirklich leid, und mein Singsang-Stottern kommt mir auf einmal gar nicht mehr so schlimm vor.

Am Ende müssen die Leute in der Innenstadt auf eine Kiste steigen und den Passanten etwas zurufen. Sie tun es alle und kommen dabei kaum ins Stottern. Der Typ, der aussah, als würde er gleich einen Anfall kriegen, erzählt sogar einen Witz! Er stottert kein einziges Mal. Echt irre. Und das alles ohne den scheußlichen Kräutertee.

Als ich mich zu Mum umdrehe, während der Abspann läuft, heult sie sich die Augen aus dem Kopf, bebt und gibt Laute von sich wie ein Hamster. Als ich zu Dad schaue, heult er auch!

Und Dad weint *nie*. Mum lacht immer und meint, er sei aus Stein, weil er nicht mal bei ihrer Hochzeit oder bei den Geburten von Chloe und mir geweint habe. Er erwidert dann, er sei »glücklich« gewesen, warum sollte er also weinen? Das leuchtet ein, wenn ihr mich fragt.

Ich kapiere zwar, dass er nach dem Dokumentarfilm nicht glücklich ist, aber wieso er so *traurig* ist, begreife ich nicht.

»Sie haben sich doch g-gut g-geschlagen, Dad. Wwwwarum heult ihr denn bloß?«, frage ich.

»Ja, Billy, sie haben sich richtig gut geschlagen. Es war nur etwas viel für deine Mum und mich. Tut mir leid, mein Sohn«, antwortet er und wischt sich über die Augen.

Dann umarmt Mum mich eine gefühlte Ewigkeit. »Ich finde es toll, mitzuerleben, wie Menschen ihre Ängste überwinden. Eine solche Stärke entwickeln. Das ist phänomenal, oder?«

Ich kann nichts erwidern, weil sie mich so fest an sich drückt, aber ich weiß, was sie meint. Ich wäre gern wie die Leute in der Doku. Ich würde auch lieber keine Tricks und Schilder benutzen, weder flüstern noch mit den Fingern tappen. Ich möchte, dass Mum und Dad auch so stolz auf mich sind.

Ich nicke nur in ihrer Armbeuge, und meine Augen werden etwas feucht. Dann wischt sie ihr Gesicht mit dem Ärmel ab und nimmt meins in beide Hände, was mir das Gefühl gibt, als wären meine Wangen aus Matsch. »Du bist ein wirklich unglaublicher Junge. Und nun ab ins Bett.«

Ich liege eine Ewigkeit wach. Denke nach. Vielleicht muss ich das als Nächstes tun, vielleicht gehört das auf meinen Plan. Punkt eins auf meiner Wie-werde-ich-das-Stottern-los-Liste. Als ich sie neu schreibe, wird mir klar, dass es keine weiteren Punkte gibt, denn ich habe alle ausprobiert, und nichts hat geklappt. Das ist sie, meine letzte Chance. Ich blicke zum Himmel auf.

»Ist das die magische Therapie, auf die ich gewartet habe?« Mir läuft ein Schauder über den Rücken, und ich hefte die Liste mitten auf die Pinnwand:

Am Kurs für Stotterer teilnehmen

Ich schleiche nach unten, ganz langsam, eine Stufe nach der anderen. Mein Herz pocht so laut, dass ich es beinahe hören kann. Ich halte den Atem an und hole mein iPad, das Mum immer in die Schublade im Flur legt. Die Schublade quietscht beim Zuschieben, und ich erstarre, weil ich glaube, dass Mum und Dad mich gehört haben. Ich warte. Spitze die Ohren – nichts. Auf halbem Weg die Treppe hinauf rase ich los wie vom wilden Affen gebissen, immer zwei Stufen auf einmal nehmend, und schaffe es in mein Zimmer, ohne dass sie etwas gehört haben. Ich finde die Website des Instituts für stotternde Menschen auf Anhieb.

Der nächste Kurs beginnt in einem Monat! Ich werde teilnehmen! Ich werde auch auf der Kiste stehen und einen Witz erzählen. Wie von Großbutter gewünscht, wie von mir versprochen. Als ich beginne, die E-Mail zu schreiben, und mir ein Leben ohne Stottern vorstelle, bin ich etwas benommen.

136

Liebes Institut für stotternde Menschen,

ich heiße Billy Plimpton und stottere. Ich stottere richtig schlimm. Ich bin elf Jahre alt. (In sechsundzwanzig Tagen werde ich zwölf!) Ich habe gerade die Doku über Ihr Institut gesehen und will UNBEDINGT, UNBEDINGT am nächsten Kurs teilnehmen.
Bitte nennen Sie mir Ihre Adresse und die Kosten, ich bringe das Geld dann mit.
Ich kann es kaum erwarten!

Mit freundlichen Grüßen
Billy Plimpton

In dieser Nacht träume ich von der Bühne in der Schule: Ich stehe dort oben vor den Samtvorhängen und erzähle einen Witz nach dem anderen, ohne ins Stocken zu geraten.

Vierzehn

Woran erkennt man, dass ein Schlagzeuger vor der Tür steht?
Das Klopfen wird immer schneller.

Inzwischen bin ich täglich in *Mr Oshos Music Lounge*. Ich habe ein neues Tagesprogramm und keine Zeit mehr für einsames Umherwandern. Nach dem Mittagessen mit Skyla flitze ich in dem verzweifelten Versuch, Blakemores Faust zu entgehen, zum Theater, und wenn es leer ist, husche ich hinein und gehe auf die Bühne. Beim ersten Mal war ich kein bisschen aufgeregt, sondern rannte sofort die Stufen hinauf. Sobald ich mitten auf der Bühne stand, wusste ich nicht recht, was ich tun sollte, aber als ich mich zu den leeren Sitzreihen umdrehte, war das ein großartiges Gefühl. Ich holte tief Luft und flüsterte: »Guten Abend, meine hochverehrten Damen und Herren.« Und ich stellte mir vor, dass alle lächelten. Dann fuhr ich lauter fort: »Ich heiße B-B-Billy Plimpton. Aber nur mit einem ›B‹.« Ich stellte mir Gelächter vor und sprach dann noch lauter. »Ich wwwürde Ihnen ja g-gern den Witz über den HHHai und den Hering e-erzählen, aber das g-g-geht jetzt leider nicht Meer.«

Ich stellte mir vor, wie die Leute lachen. Wie Mr Osho mit der Hand auf seinen Oberschenkel klatscht, Skyla schnaubt und Großbutter die Augen schließt und den Kopf in den Nacken legt. Ach, es wäre so schön, wenn sie mich auf der Bühne erleben könnten. Ich habe noch nicht den Mut gefunden, Skyla zu fragen, ob sie mitkommen möchte. Ich versuche es bei jedem Mittagessen, schrecke aber immer wieder davor zurück. Ich war ziemlich stolz darauf, es überhaupt auf die Bühne geschafft zu haben, auch ohne Publikum. Schon komisch, wie sehr man sich vor etwas fürchten kann. Um dann zu merken, dass es halb so wild ist. Urplötzlich. Wenn ich im Dunkeln im Bett liege, lauert da zum Beispiel immer dieses krumme, glotzende Ungeheuer. Bei Licht verwandelt es sich in meinen warmen, flauschigen Bademantel. Die Bühne kommt mir jetzt vor wie mein Bademantel, denn ich sehe sie in einem neuen Licht.

Gestern Mittag bin ich blindlings ins Theater gestürmt, doch die Bühne war voller Neuntklässler, die im Ballettkostüm probten. Ich nahm sie erst wahr, als ich schon halb den Mittelgang hinauf war. Alle hielten inne und starrten mich an. Ein magerer Lehrer mit Schnabelnase fragte: »Können wir dir irgendwie helfen?«

Ich reckte die Arme über den Kopf, drehte meine eleganteste Pirouette und eilte wieder hinaus, begleitet vom Gelächter der Schüler, die von ihrem mageren, schnabelnasigen Lehrer zur Ruhe ermahnt wurden. Ich ging schnurstracks zur Music Lounge, wie an jedem Tag, nachdem ich meinem unsichtbaren Publikum Witze erzählt habe.

Ich habe in der Music Lounge viele neue Spiele und die Musik von Ella Fitzgerald, Louis Armstrong und Art Blakey kennengelernt. Alle sind Jazzmusiker oder -sänger. Die Jazz-Schlagzeuger sind irre. Sie spielen unfassbar schnell. Aber Miles Davis höre ich nach wie vor am liebsten.

Als ich Mr Osho erzähle, ich hätte Jazztakte geübt, wirft er einen Blick auf seine Stammgäste und sagt: »Okay, Leute, ihr spielt eine Runde. Billy, du kommst mit, mein Junge.« Er winkt mir, ihm zu folgen, und als wir durch den Flur gehen, sagt er: »Im Oktober wandeln wir die Music Lounge immer in einen Probenraum um. Ich wollte eigentlich warten, bis das Schlagzeug aufgebaut ist, aber als du vom Schlagzeug beim Jazz erzählt hast, habe ich es mir anders überlegt. Ich möchte dich nicht mehr nur mit Stiften trommeln sehen. Es ist höchste Zeit, dass du an einem richtigen Schlagzeug sitzt, Billy Plimpton.«

»W-w-wohin gehen wir, Sir?«

»Zum Gebäude der Oberstufe. In das Musikstudio.«

»Darf ich das d-d-denn?«

»In meiner Begleitung ja, mein Junge. Aber du musst den Furcht einflößenden Oberstufenschülern sagen, sie sollen sich zum Teufel scheren, okay?«

»Nie und nimmer!«, erwidere ich lachend. »Sie w-w-wissen, dass ich noch nnnie richtig Schlagzeug gespielt habe, Sir?«

140

»Ja, was denkst du, warum wir das jetzt nachholen? Ich habe gesehen, wie du mit den Stiften getrommelt hast, und der Rhythmus muss endlich mal raus! Wenn du ihn weiter in dir verschließt, wirst du noch platzen.«

»Das sagt meine Mum auch i-i-immer.«

»Was? Dass du platzen wirst?«

»Dass mir zu viel im K-K-Kopf herumgeht und dass es *aussieht*, aaaals könnte ich platzen.«

»Ja, in deinem Kopf ist bestimmt viel los, mein Junge.«

»D-deshalb stottere ich. Mein Gehirn ist bis ganz oben gefüllt. Das m-m-meint auch meine Logopädin. Wenn sich andere LLLeute zu viele Gedanken machen, sind sie gestresst oder k-können nicht schlafen oder bekommen Bauchschmerzen. Ich stottere.«

»Das leuchtet ein. Noch ein Grund mehr, dich endlich mal am Schlagzeug auszutoben, hm?«

»Was geschieht, wwwenn einem zu viel im Kopf herumgeht, Sir?«

»Oh, gute Frage. Ich kaue an den Nägeln, und einmal, als mir fast der Kopf geplatzt ist, sind mir Haare ausgefallen. Damals war ich nicht viel älter als du«, sagt er, als wir das Gebäude erreichen.

»Ehrlich? Waren Sie kahl?«, frage ich.

»Nein, ich hatte nur ein paar kahle Stellen, und die Haare sind wieder gewachsen, aber wie du dir denken kannst, ist das nicht schön, wenn man neu an der Schule ist, und da ich sowieso ein Außenseiter war, wurde es dadurch noch schlimmer.«

»Wie schrrrecklich, Sir«, sage ich und frage mich, ob ich lieber kahl wäre, anstatt zu stottern.

Als wir eintreten, ist ein Schlagzeug frei, und Mr Osho klatscht in die Hände. »Na, sieh einer an, du musst niemanden zum Teufel schicken! Dann mal los, Billy, zeig, was in dir steckt.«

Mit richtigen Stöcken auf richtigen Trommeln zu spielen, ist viel schwerer, und die einfachen Takte, die ich mit den Stiften auf meinen Knien getrommelt habe, gehen am Schlagzeug total in die Hose.

»Es ist schwieriger, als es aussieht, was?«, meint Mr Osho.

»Viel schwieriger!«, sage ich und reibe meine Hände.

»Aber du beginnst nicht bei null, das ist ein Vorteil. Du kennst den Rhythmus schon. Du musst nur dafür sorgen, dass dein Kopf nicht schneller ist als dein Körper. Ich zeige dir mal den einfachsten Viervierteltakt. Den kann man zu den meisten Stücken spielen.« Er nimmt die Stöcke, setzt sich an das Schlagzeug und führt langsam vor, was Hände und Füße tun müssen. »Gut, versuch du es mal, aber langsam. Am Schlagzeug darf man nichts überstürzen. Du musst in einen Takt kommen, den du halten kannst.«

Ich beginne mit der rechten Hand einen langsamen Viervierteltakt, setze die linke bei jedem dritten Schlag ein, und sobald das klappt, ergänze ich bei jedem ersten Schlag die Basstrommel. Es klingt tatsächlich wie ein Schlagzeugrhythmus!

142

»Weiter!«, sagt Mr Osho, greift nach einer Bassgitarre und begleitet mich. Ich fühle mich ein bisschen benommen, fast so, als müsste ich lachen, und versuche, schneller zu spielen, komme aber durcheinander.

Doch Mr Osho sagt nichts dazu, sondern einfach nur: »Super! Du hast es geschafft. Wie fühlt sich das an?«

»Unglaublich!«, sage ich und nehme den Takt wieder auf, verliere ihn aber sofort.

»Gut, du weißt jetzt, wie es sich anfühlt. Du solltest das mit den Stiften üben und deinen Fuß hinzufügen. Nicht mehr lange, dann kannst du in der Music Lounge am Schlagzeug üben.«

»Vielen Dank, SSSir.«

»Ist mir ein Vergnügen, Billy.«

Auf dem Rückweg zur Music Lounge sagt er: »Ich weiß, dass du nichts in dein Heft schreiben magst, aber wenn du reden willst, stehe ich jederzeit zur Verfügung, das weißt du, oder?«

»Ja, Sir. Tut mir llleid, Sir. Möchten Sie das Heft zzzurückhaben?«

»Auf keinen Fall. Vielleicht schreibst du eines Tages ja doch noch etwas von dem, was dir im Kopf herumspukt, auf die Seiten!«

»Zu Hause schreibe ich viel, Sir.«

»Zum Beispiel?«

»Listen und s-s-so. Albernes Zeug, zum Beispiel alles, was meine Schwester ärgert, und auch Witze, a-a-aber manchmal schreibe ich auch über mein Stottern.«

143

»Und was?«

»Ich notiere zum Beispiel, w-w-wie ich es llloswerden oder wie ich unsichtbar b-bleiben kann, Sir. So was in der Art.«

»Glaubst du, dass dein Stottern das größte Problem ist?«

»J-j-ja. Ich werde es irgendwann l-l-los, Sir«, sage ich und denke an den Kurs.

»Freut mich, dass du so zuversichtlich bist, Billy. Aber falls du es doch nicht loswirst, musst du bedenken, dass es nicht das Einzige ist, was dich ausmacht. Du hast so viel zu bieten. Gib mir mal das Notizheft.«

Ich reiche es ihm, ohne zu wissen, was er damit vorhat.

»Du magst also Listen, Billy?« Ich nicke. »Gut, wenn mich jemand bitten würde, eine Liste zu deiner Person aufzusetzen, würde ich das hier schreiben.«

Er bleibt stehen, zieht einen Stift aus der Tasche, legt das Heft auf sein Knie und beginnt zu schreiben:

Was ich über Billy Plimpton weiß

Er ist WITZIG … SEHR WITZIG.
Er spielt gar nicht übel Schlagzeug.
Er ist ein guter Schüler.
Er kommt täglich in die Music Lounge.
Er liebt seine Oma.
Ich schlage ihn meist bei Mancala.

Dann lässt er viel Platz und notiert ganz unten auf der Seite in winziger Schrift:

Ach, ja, und er stottert.

Als er mir das Notizheft zurückgibt, muss ich grinsen. Ich halte es fest in der Hand, während wir weitergehen.

»Vielleicht solltest du nicht so verzweifelt versuchen, dein Stottern loszuwerden, sondern dich stattdessen so sehen, wie du von anderen wahrgenommen wirst.«

»Nicht a-alle sind so nett wie Sie, Sir«, erwidere ich und stelle mir vor, was Blakemore tun würde, wenn er das Notizheft in die Hand bekäme.

Zurück in der Music Lounge, sind die anderen mitten in einer Partie *Geistesblitz*. Ich habe so viele neue Spiele gelernt.

Meine neuen Lieblingsspiele sind *Rubiks Race* und *Die verbotene Insel,* und letzte Woche hat Mr Osho uns Poker beigebracht! Anfangs war ich echt schlecht im Bluffen. Bluffen bedeutet, dass man bei einem schlechten Blatt so tut, als wäre es gut, und umgekehrt. Alex, Matthew, Josh und Mr Osho lachten sich schlapp, als ich eine Faust machte und ein Tänzchen hinlegte vor Freude darüber, dass ich zwei Asse bekommen hatte. Unser Einsatz besteht aus Legoteilen. Mr Osho meint, Smarties seien noch besser, weil man sie nach der Partie essen könne, aber wir haben keine Smarties. Rotes Lego zählt einen Punkt, blaues zwei Punkte und weißes fünf.

Nachdem er uns die Regeln beigebracht hatte, legte Mr Osho eine neue Platte auf, und wir spielten weiter. Er spielt die Musik auf einem kleinen Plattenspieler, der in einen Koffer mit Griff geklappt werden kann. Ein tolles Ding. Er bezeichnet seine Platten als »Vinyl«.

Ein paar Neuntklässlerinnen kommen, wenn es regnet, und ein paar Achtklässler lümmeln auf den Sitzsäcken, aber Matthew, Josh, Alex und ich sind täglich in der Lounge. Wir sind die »Stammgäste«. So nennt uns Mr Osho. Ich mache bei jedem Spiel mit, für das sich die »Stammgäste« entscheiden. Es scheint sie nicht zu stören, dass ich mit ihnen abhänge.

»Hey, Billy.« Alex winkt mich zu ihnen rüber.

»Was spielt ihr h-h-h-heute?«

»Castle Panic!«, sagt Matthew und stellt die Spielsteine auf.

»Ich muss früher los«, sage ich wie nebenbei und nehme meinen Platz ein. »Ich habe n-n-nachher einen Zahnarztt-t-termin.«

»Zahnärzte sind die Pest«, meint Josh mit gerunzelter Stirn. »Meiner packt mir immer dieses ekelhafte Zeug auf die Zähne.«

»Wundert mich, dass du bei einem Zahnarzt lange genug stillhalten kannst, Josh!«, sagt Matthew lachend und führt vor, wie Josh mit offenem Mund herumzappelt.

»Jede Wette, dass du zu lang für den Stuhl bist«, entgegnet Josh.

Matthew ist schon einen Meter achtzig groß. Ich bin

nur einen Meter fünfzig groß, ihr könnt euch also vorstellen, wie absurd es aussieht, wenn wir nebeneinanderstehen. Er könnte mich glatt unter den Achseln anheben. Er meint, er würde mich gern als Gewicht benutzen, um seinen Bizeps zu trainieren. Er hat ein Wachstumsdingsbums mit einem komischen Namen, irgendwas mit *Syndrom*. Darum ist er so groß. In späteren Jahren könnte er Knochenprobleme haben. Er hat mir davon erzählt, als wir ein Spiel eingepackt haben. Ich finde, er sollte Basketball spielen, denn er kann den Ball schon jetzt beinahe im Stehen in den Korb stopfen. Das hat er mir im Sportunterricht gezeigt.

»Dann verpasst du Englisch?«, fragt Alex.

»Ja, ich mmmuss kurz davor los«, sage ich. »Ich muss einen ZAHN zulegen, d-denn mein Termin ist g-gleich um halb drei. Versteht ihr?«

Alle stöhnen, und Josh wirft einen Spielstein nach mir, den ich auffange und dann so tue, als würde ich ihn essen.

Josh ist fast so klein wie ich. Er hat schwarze Haare und knallblaue Augen. Er sieht irgendwie aus wie ein Wolf. Er ist derjenige, der ständig herumzappelt. Wenn er bei einem Spiel darauf wartet, am Zug zu sein, faltet er Papierschnipsel oder fummelt mit einem kleinen Würfel herum, der in seiner Tasche steckt. Er ist ständig in Aktion, weil er an ADS leidet, was bedeutet, dass er keine Sekunde still sitzen kann. Er nimmt Tabletten dagegen, zappelt aber trotzdem. Wenn ich im Unterricht mit den Stiften trommele und er herumzappelt, meint Alex immer, es sehe aus, als würden wir einer imaginären Musik lauschen.

Seit Alex von seinen Hörgeräten erzählt hatte, fragte ich mich, ob er meine Lippen lesen kann. Ich habe ihn nie darauf angesprochen, aber als ich begann, bei den Spielen in der Music Lounge mitzumachen, wollte ich es mal testen. Ich raffte meinen ganzen Mut zusammen und fragte ihn, ob er verstehen könne, was ich sage, und er meinte, er könne meine Lippen problemlos lesen und wisse nicht, wieso ich mir Gedanken darüber mache.

Er sagte: »Du kannst schlecht sprechen, und ich kann kaum hören. Wir sind das perfekte Paar!« Das gab mir ein richtig gutes Gefühl. Ich weiß auch, dass er nicht gelogen hat, denn er lacht *immer* über meine Witze. Genau genommen lacht er die ganze Zeit. Einmal sagte er, während er lachte: »Billy, du bist noch witziger, wenn du keinen Witz erzählst, sondern einfach nur du selbst bist und rumalberst!«

Ich wusste zwar nicht, dass ich rumgealbert hatte, aber es war nett von ihm, das zu sagen. Mr Osho meint, zusammen seien wir eine »bunte Truppe«. Was immer das heißt!

Alex' Worte brachten mich zum Nachdenken. Sie erinnerten mich an den Komiker, den Großbutter und ich im Fernsehen gesehen haben. Vielleicht sollte ich nicht bloß Witze erzählen, nachdem ich an dem Kurs teilgenommen habe, sondern versuchen, etwas mehr ich selbst zu sein. Manche Komiker erzählen Geschichten oder inszenieren ihre Witze wie ein Schauspieler. Mir muss nur etwas einfallen, das mich einzigartig macht.

Als ich Großbutter nach der Schule im Heim besuche, versuche ich, eine ausgedachte lustige Geschichte über Chloes Ritt auf einem Pony zu erzählen, und galoppiere durch das winzige Zimmer, aber sie schläft währenddessen ein, es funktioniert also nicht richtig. Als sie wieder aufwacht, spiele ich meinen schlimmsten Moment aus dem letzten Sonntagsspiel nach. Ich stelle mich mitten ins Zimmer und ahme in Zeitlupe und mit einigen Kommentaren nach, wie mich der Ball am Kopf trifft, dann gegen die Latte knallt, abprallt und mich noch einmal trifft, bevor er zum achtzehnten Tor für die Gegner ins Netz springt. Sie lacht und nennt mich »kurios«, was auch immer das heißt. Schwer zu sagen, ob erzählerischer Humor mein Ding ist. Ich glaube, bei den normalen Witzen lacht sie mehr.

Wieder in meinem Zimmer, hefte ich Mr Oshos Liste auf die Pinnwand, verstecke sie aber hinter den anderen Zetteln. Aus irgendeinem Grund ist es mir peinlich, sie zu lesen, vielleicht weil ich bezweifele, dass es stimmt, was da steht. Sie aufzuhängen, tut trotzdem gut. Ich kann sie zwar nicht sehen, weiß aber, dass sie da ist. Ich warte immer noch auf eine Antwort des Instituts für stotternde Menschen und finde es unfassbar, dass ich an Weihnachten vielleicht schon nicht mehr stottere. Dann kann ich *alles* tun, was ich will.

Fünfzehn

Wie geht es einem, nachdem man einem Rennrad-
fahrer hinterhergehetzt ist?
Man ist geschlaucht.

Auf den letzten Metern des Laufs spurten wir über das
nasse Feld zur Schule. Meine Wangen brennen und
meine Lunge auch. Ich müsste eine Pause einlegen. Ich
bin Drittletzter. Hinter Elsie und vor Skyla. Ich HASSE
Querfeldeinlauf. Ich kann Alex sehen, aber alle anderen
sind weit voraus. Mir bleibt also nichts anderes übrig, als
weiterzulaufen.

Danach geht jeder zu einem der Zwölftklässler, die
unsere Zeit gestoppt haben und uns zum Wasserspender
führen, damit wir die Flasche auffüllen können. Sie nehmen alle an einem Trainer-Kurs für den Sportunterricht
teil, müssen Fragebögen ausfüllen und Aufwärmübun-
gen mit uns machen. Meine Zwölftklässlerin heißt Ellie
und ist fast so groß wie Matthew! Sie hat rote Locken und
ein sommersprossiges Gesicht. Ich traue mich nicht, sie
anzuschauen, sondern starre ihre bis über die Knöchel
geschnürten Schuhe an und merke, dass meine Ohren
glühen.

Auf dem Weg zum Wasserspender höre ich plötzlich ein vertrautes Geräusch durch den Flur schallen.

Bbrrrm-tatt, Bbrrm-bbrrmm-tattat.

Bbrrrm-tatt, Bbrrm-bbrrmm-tattat.

Bbrrrm-tatt, Bbrrm-bbrrmm-tattat.

Ein Viervierteltakt im Marschrhythmus.

Wir gehen durch die Flure, an den Laboren und Räumen für den Werkunterricht vorbei, und ich vermeide es, Ellie anzusprechen. Mit Älteren zu reden, ist das Schlimmste. Vor allem, wenn ich sie nicht kenne. Ich rede inzwischen gern mit Skyla, Alex, Josh, Matthew und Mr Osho. Ich habe im Matheunterricht sogar ein paar Fragen im Flüsterton beantwortet, aber in Gegenwart von Ellie bin ich supernervös. Ich tue so, als wäre ich schüchtern, das ist mein Standardtrick. Das kann ich problemlos vortäuschen. Ich bin knallrot. Ellie löchert mich mit Fragen.

»Hat dir der Lauf Spaß gemacht?«

»Ist eine große Schule, was?«

»Magst du Naturwissenschaften?«

Sie spricht wie eine Erwachsene, obwohl sie im Grunde auch noch ein Kind ist. Ich würde sie gern anschauen, starre aber weiter ihre Schuhe an. Wenn sie etwas fragt, nicke ich lächelnd. Aber jetzt höre ich das Schlagzeug, und das ist wichtiger. Ich MUSS etwas sagen!

Ich merke, wie mein Herz hämmert; es dröhnt in meinen Ohren. Mein Mund ist ganz trocken, als ich tief einatme und, wie von Sue empfohlen, eine Hand auf meinen

151

Bauch lege, doch als ich loslegen will, bremse ich mich. Ich kann nicht. Das Schlagzeug spielt weiter.

Brrmm-tattat-tattat-rrrrm-tatt.

Ich kann es nicht ignorieren, sosehr ich mich auch bemühe.

Brrmm-tattat-tattat-rrrrm-tatt.

Es scheint immer lauter zu werden. Und dann passiert es einfach.

»Spielt da jemand Schlagzeug?«, frage ich.

Ich habe es gesagt! Ich habe es tatsächlich gesagt! Und das, ohne zu stottern.

Ich scheine überrascht dreinzuschauen, denn Ellie lächelt mich wissend an. »Ja, ich glaube, die Instrumente ziehen jetzt in die Music Lounge um.«

»Ich b-b-bin regelmäßig in der Music Lounge!«, sage ich, als gäbe es nichts Schöneres.

»Sollen wir mal nachschauen?«, fragt sie.

Danach fällt es mir leichter, mit Ellie zu sprechen. Während wir weitergehen, begleitet vom Geräusch des Schlagzeugs, beantworte ich alle Fragen, die sie stellen muss. Sie ist eine Abwartende. Als wir die Treppe hinaufgehen, erzähle ich ihr sogar einen Witz.

»Ich misstraue T-T-Treppen«, sage ich verschwörerisch. »Sie wollen immer z-z-z-zu h-h-h-hoch hinaus.«

»Du bist witzig!«, sagt sie und scheint mein Stottern gar nicht zu bemerken.

Die eine Hälfte der Music Lounge wird wie ein Aufnahmestudio eingerichtet, es sieht irre aus. Einige Schüler spielen einen Song, den sie selbst geschrieben haben! Er handelt davon, Sachen zu demolieren, ist aber schwer zu verstehen. Der Schlagzeuger bleibt immer an derselben Stelle stecken. Ich würde Ellie gern etwas vorspielen, ich möchte unbedingt wieder ein richtiges Schlagzeug spielen, und bin mir sicher, dass ich den Takt halten könnte, den dieser Junge ständig verbockt. Aber sie meint, wir müssten zurück, »bevor man einen Suchtrupp losschickt«.

Im Gehen sagt Ellie: »Ich glaube, sie üben für die Talent-Show.«

»T-T-Talent-Sh-Show?«

»Ist ein Riesending. Findet immer im Dezember im Theater statt. Im letzten Jahr haben sogar die Lokalnachrichten darüber berichtet!«

Als es klingelt, winkt sie mir vor den Umkleideräumen und ruft: »Vielleicht höre ich dich ja eines Tages Schlagzeug spielen. Es gibt bald öffentliche Proben für die Talent-Show. Ich gehe hin.«

Auf dem Rückweg zum Klassenzimmer stelle ich mir vor, dass Ellie im Publikum sitzt, während ich auf der Bühne stehe. Ich spiele allerdings kein Schlagzeug, sondern erzähle Witze. Keine Ahnung, wieso ich plötzlich daran denke, und mir schwirrt der Kopf, also versuche ich umzuschalten. Trotzdem muss ich immer wieder daran denken, und neue Ideen kommen ständig dazu. Wenn ich an dem Kurs teilnehme und mein Stottern überwinde, könnte ich vor einem richtigen Publikum auf die Bühne treten, nicht bloß vor einem eingebildeten.

Nach Schulschluss gehe ich zum Heim und denke an das Versprechen, das ich Großbutter gegeben habe – für sie ganz allein einen Auftritt hinzulegen. Stellt euch mal vor, ich würde nicht nur vor ihr, sondern vor dreihundert weiteren Menschen auftreten! Sie wäre irre stolz. Nach ihrem Schlaganfall muss ich sie aufmuntern, das ist am wichtigsten. Ich wünsche mir nichts sehnlicher, als an der Talent-Show teilzunehmen und ihr damit eine Freude zu machen.

Als ich ihr Zimmer betrete, sitzt sie auf dem Blümchensofa und schaut *Countdown*. Neben ihr sitzt eine noch ältere Dame. Sie ist stark geschminkt und trägt einen schicken Hut, als würde sie nicht in einem Seniorenheim *Countdown* gucken, sondern auf dem Weg zu einem Fest sein. Sie sieht steinalt aus, und ich finde sie unheimlich, fast Furcht einflößend. Sie kommt mir vor wie ein wandelndes Skelett in einem schicken Kleid. Neben dem Sofa steht ein Gehgestell, auf dem Tisch ein Teller mit Keksen.

»Das ist Mrs Gibbens, Billy«, sagt Großbutter. »Meine neue Nachbarin.«

Mrs Gibbens blickt auf, winkt mir mit einer knochigen Hand und versucht dann, sich vom Sofa zu erheben.

»Hilf ihr, Billy. Wenn sie einmal sitzt, kommt sie nicht wieder hoch. Bist du so lieb, mein Schatz?«

Ich strecke einen Arm aus und spüre, wie Mrs Gibbens mit einer schwachen, runzeligen Hand danach greift. Ich versuche, nicht zu zittern, als sie mich anfasst. Schließlich kommt sie auf die Beine, klammert sich an ihr Gehgestell und geht langsam zur Tür. Auf halbem Weg bleibt sie stehen und ruft: »Struppi!« Ihre Stimme klingt ebenso runzelig und unheimlich, wie ihre Haut aussieht.

Großbutter greift nach etwas, das neben den Keksen liegt, offenbar das Foto eines Hundes, und drückt es Mrs Gibbens in die Hand. »Hier, meine Liebe. Keine Sorge. Da ist es.«

»Ach, Struppi, mein Lieber«, sagt Mrs Gibbens, die das Foto an sich drückt und langsam weiter zur Tür geht.

Sobald sie weg ist, flüstert Großbutter: »Eine entsetzlich traurige Frau. Mutterseelenallein auf der Welt.«

Ich schaue in den Flur und sehe, wie die traurige alte Frau in der benachbarten Tür verschwindet. Mir läuft ein Schauder über den Rücken. Mrs Gibbens macht mir Angst.

Sechzehn

Was sagte der Besen zum Mobber?
Mach dich aus dem Staub.

Das Institut für stotternde Menschen hat mir immer noch nicht geantwortet.

Mum will wissen, warum ich so oft nach meinen E-Mails schaue. Ich behaupte, ich hätte an einem Wettbewerb teilgenommen. Keine Ahnung, warum ich sie anlüge, aber ich will nicht, dass sie es erfährt. Noch nicht. Es soll eine Überraschung sein.

Seit Kurzem übe ich mein Programm vor dem Spiegel, alle Witze, die ich vortragen will. Inzwischen träume ich jede Nacht davon, sie auf der Bühne zu erzählen. In manchen Träumen geht es schief, dann erwache ich schreiend und verschwitzt und springe aus meinem Bett, um mich neben Mum zu kuscheln.

Die schönen Träume, in denen es klappt, in denen ich, *ohne zu stocken*, erzählen kann, machen mich aber total glücklich.

Das Theater der Schule ist jetzt mit Plakaten gepflastert.

> # B. S. D. S.
> ## Bannerdale sucht das Supertalent!
>
> ### Hast du Talent?
> Kannst du singen, tanzen, zaubern,
> musizieren, schauspielern?
> Dann brauchen wir dich!
>
> ### Donnerstag, 17. Dezember, 19:30 Uhr
>
> Tragt euch im Sekretariat der Schule ein,
> um euren Moment im Rampenlicht zu reservieren.

Vor dem Matheunterricht gehe ich zum Sekretariat, um mir die Liste anzuschauen. Vier Leute haben sich schon eingetragen. Ich hoffe, sie ist noch nicht voll, nachdem ich den Kurs für Stotterer absolviert habe.

Ich will gerade wieder gehen, da flüstert eine Stimme in meinem Kopf: *Tu es!* Okay, jetzt habe ich den Verstand verloren. Ich kann mich ja schlecht eintragen, solange ich noch stottere, stimmt's? Andererseits beginnt der Kurs schon in zwei Wochen. Wenn ich teilnehme, ist danach alles in Butter, und ich weiß ja schon, welche Witze ich erzählen werde. Was könnte schiefgehen?

Meine Hand zittert, als ich nach dem Stift greife und meinen Namen schnell auf die Liste setze, um nicht doch noch zu kneifen. Die Sekretärin, die am Schreibtisch einen Keks knabbert und einen haarigen Leberfleck im Gesicht hat, schaut mich lächelnd an.

»Das nenne ich mutig!«, sagt sie, wobei sie Krümel versprüht, und ich grinse. Ich komme mir vor wie ein neuer Mensch. Ich habe das Gefühl, alles erreichen zu können.

Vor der Mathe-Arbeit bin ich auch entspannt. Das Einzige, was nervt, ist das Getuschel zu Beginn. Das ist die letzte Arbeit, bevor wir in verschiedene Stufen eingeteilt werden. Ich hasse dieses nervöse Gequatsche. Einige Mädchen sind total angespannt und sagen Sachen wie: »Diese Arbeit ist SOOO wichtig. Sie entscheidet vielleicht über unsere Zukunft.« Das ist etwas übertrieben, finde ich. Es ist ja bloß eine Mathe-Arbeit.

Ich mag Klassenarbeiten. Das würde ich natürlich niemals laut sagen. Aber ich mag die Stille. Das Kratzen der Stifte auf Papier. Es gefällt mir, dass alle das Gleiche tun.

Mum meint, ich sei ein »Schwarz-Weiß-Denker« und hätte am liebsten alles genau eingeordnet. Gut / schlecht. Richtig / falsch. Ich glaube, das stimmt. Darum mag ich Listen und Pläne. Ich will Gewissheit. Deshalb bin ich auch ziemlich gut in Mathe. Es gibt nur die richtige oder die falsche Lösung und nichts dazwischen.

Als ich mit der Arbeit fertig bin, habe ich noch jede Menge Zeit. Sogar nachdem ich alle Aufgaben zweimal überprüft habe. Wir dürfen in den Lesebüchern schmökern, wenn wir fertig sind, aber das tue ich nicht. Stattdessen beobachte ich William Blakemore. Er sieht echt traurig aus. Kein Wunder, denn er ist schlecht in Mathe. Ich beobachte ihn oft heimlich. Wenn er es nicht bemerkt. Nicht vor Lachen brüllt oder sich mit jemandem prügelt. Wenn er aussieht wie ein Kind, nicht wie ein Mobber. Letzte Woche habe ich ihn mit seiner Mutter im großen Supermarkt am Stadtrand gesehen. Sie standen vor dem Regal mit Müsli und Cornflakes. Ich stand im Gang mit dem Katzenfutter und sah heimlich zu ihm rüber. Sie bat ihn, eine Schachtel Cornflakes zu holen, und als er sie aus dem Regal nahm, warf er versehentlich eine andere Schachtel auf den Boden.

»Kannst du überhaupt IRGENDETWAS richtig machen?«, fauchte seine Mutter, riss ihm die Schachtel aus der Hand und schob den Einkaufswagen weiter. Er blieb stehen und sah die hingefallene Schachtel an, als überlegte er, sie aufzuheben.

»WILLIAM!«, kläffte seine Mutter über die Schulter. Daraufhin gab er der Schachtel einen Tritt und schlurfte seiner Mutter hinterher.

Während ich ihn beobachtete, erschien Mum und rief laut: »Wieso, um Himmels willen, treibst du dich beim Katzenfutter rum? Wir haben doch gar keine Katze! Du bist ein komischer Vogel, Billy Plimpton!«

Ich ging sofort in Deckung, als müsste ich mich am Knöchel kratzen. Damit Blakemore mich nicht sah. Ich wollte auf keinen Fall, dass Mum mich vor ihm blamierte. Das würde er sicher gegen mich verwenden. Später sah ich ihn noch einmal. Seine Mutter suchte Joghurt aus, aber er stand mit gesenktem Kopf daneben. An dem Tag sah er aus wie ein kleiner Junge.

Heute betrachte ich ihn sehr lange. Er hat den Kopf in den Händen vergraben und ist viel stiller als sonst. In der ganzen Zeit, in der ich ihn beobachte, setzt er den Stift kein einziges Mal an. Im Matheunterricht ist er immer total aufgeschmissen. Er reibt sich die Stirn, und seine Wangen sind rot. Ich stelle mir vor, wie er zu Hause Cornflakes isst, während er von seiner Mutter angebrüllt und von seinem großen Bruder herumgeschubst wird. Vielleicht ist Blakemore ein unglückliches Kind. Ich überlege, ob ich lieber wie Blakemore wäre und dafür nicht stottern würde, oder lieber so, wie ich nun mal bin.

Als Skyla und ich mittags unsere Pommes essen, gebe ich mir einen Ruck: »W-willst du nach dem Essen mit ins Theater kommen?«, frage ich und versuche, entspannt zu wirken.

»Wozu? Um stumm dazusitzen und eine leere Bühne anzuglotzen?«

»Nein.« Ich halte kurz inne, dann riskiere ich es. »Um zuzuschauen, wwwie ich ein paar Witze erzähle ... A-AUF der Bühne.«

Sie erwidert nichts, sondern schiebt sich die letzten Pommes in den Mund, nimmt ihr Tablett, sieht mich an und sagt mit vollem Mund: »Dann mal los, du Scherzkeks.«

Echt komisch, nicht nur leere Stuhlreihen vor mir zu

haben, sondern eine Zuschauerin. Ich werde rot und weiß nicht, wohin mit den Händen, aber nach einigen Witzen bin ich entspannter.

Skyla sitzt mitten im Saal und lacht über alles, aber so RICHTIG lacht sie erst, als ich unsere Lehrer nachahme. Das mache ich ganz spontan, nachdem ich mein Programm beendet habe. Etwa Mrs Carpenter, die Chemielehrerin, die einschläft und keinen Namen behalten kann und mit wackeliger, schriller Stimme unaufhörlich über das Periodensystem quatscht. Ich ahme Mr Randall nach, unseren Mathelehrer. Klatsche in die Hände und hüpfe herum wie ein überdrehter Welpe.

»N-na los, Leute, werft den Ball, ich hole ihn. B-b-bitte, bitte, bitte, bitte. W-wau.« Und dann renne ich einem eingebildeten Ball nach und bleibe mitten auf der Bühne stehen, um mich am Rücken an einer Stelle zu kratzen, an die ich nicht herankomme. Als ich das mache, brüllt Skyla vor Lachen.

Ich muss das auf ihre Bitte zig Mal wiederholen, bis wir beide Tränen lachen. Als der schnabelnäsige Ballettlehrer eintritt und fragt: »Was ist denn hier los, Herrgott noch mal?«, lachen wir noch lauter. Wir schaffen es irgendwie, »Entschuldigung« zu murmeln, und dann schnappen wir uns die Rucksäcke und taumeln in den Flur, immer noch Tränen lachend.

»Ich glaube, ich kann nie mehr aufhören zu lachen«, sagt Skyla und wischt sich über die Augen.

Ich schaue sie an und will ihr gerade erzählen, dass

ich mich für die Talent-Show eingetragen habe, als der Schnabelnasen-Lehrer aus dem Theater stapft und uns anglotzt wie ein zorniger Vogel. Wir senken den Blick und versuchen, unser Lachen unter Kontrolle zu bekommen. Ich erzähle noch nichts von der Talent-Show. Es soll eine Überraschung sein.

In der Nachmittagspause fesselt mich Blakemore mit einem Springseil aus der Turnhalle an den Pfosten des Basketballkorbs. Dann soll ich ihn bitten, mich loszubinden.

»Sag: ›Bitte, bitte, bitte‹, Plimpton.«

»B-b-b-b-b-b-b-b-b...«

Als er sich langweilt, weil ich es immer noch nicht über die Lippen gebracht habe, geht er davon und kickt einen Basketball über die Mauer, und ich bleibe da, an den Pfosten gefesselt, unfähig, mich zu befreien.

Skyla findet mich. Sie will mich losbinden, kann den Knoten aber nicht lösen, denn Blakemore hat ihn bombenfest geschnürt, und das Seil ist nass. Skyla wird sauer und flucht, dass sie ihn umbringen will. Mrs Peat, die Ernährungskunde unterrichtet, kann den Knoten auch nicht lösen. Ich muss eine Ewigkeit im Nieselregen stehen. Alle lachen sich schlapp. Eine Truppe Zehntklässler umringt mich, und einige zücken ihr Handy, um mich zu filmen. Ich versuche verzweifelt, nicht zu heulen, kann aber spüren, wie es mir die Kehle zuschnürt, und dann rollt mir doch eine Träne über die Wange, ohne dass ich sie wegwischen kann.

Endlich kommen Matthew, Josh und Alex mit einer großen Schere aus dem Kunstraum angerannt und schneiden das Seil durch. Mrs Peat schickt William Blakemore zu Mr Osho, und Matthew, Alex, Josh, Skyla und ich müssen auch mit.

Blakemore behauptet, wir hätten bloß »rumgealbert«. Ich nicke, weil ich nicht widersprechen will. Wenn ich das täte, würde alles nur noch schlimmer werden. Die Jungs werden ihre Klappe halten, das weiß ich, aber Skyla scheint etwas sagen zu wollen. Ich sehe sie flehend an, schüttele den Kopf und hauche *Bitte*, und sie schließt den Mund wieder.

Mr Osho wirkt besorgt, und er tut mir leid. Solange wir nicht reden, sind ihm die Hände gebunden, und er sieht mir sicher an, dass ich nichts sagen werde. Er schickt alle hinaus, bis auf Blakemore und mich. Es ist mir unangenehm, dass wir nur noch zu zweit sind. Mir war nicht bewusst, dass ich mich in Gegenwart der anderen viel wohler fühle. Jetzt denke ich, dass es doch nicht ganz verkehrt gewesen wäre, wenn Skyla Mr Osho alles erzählt hätte.

»Okay, Jungs«, beginnt Mr Osho. »Mir ist klar, dass ihr mir nicht die ganze Geschichte erzählen wollt, und das ist eure Sache. Aber mir ist auch klar, dass hier etwas schiefläuft, und ich würde meine Arbeit nicht ernst nehmen, wenn ich nicht versuchen würde, euch beiden zu helfen.«

»Ich brauche keine Hilfe«, knurrt Blakemore. Er kennt

keinen Respekt. Ein Wunder, dass er noch nicht von der Schule geflogen ist.

»Jeder braucht bei irgendetwas Hilfe, William«, sagt Mr Osho lächelnd. »Wisst ihr, was man an meiner vorherigen Schule getan hat, wenn zwei Schüler Streit hatten? Sie mussten sich bei einem von beiden zu Hause zum Spielen verabreden.«

»W-w-was?«, stoße ich panisch hervor. Stellt euch vor, ich würde in Blakemores Haus sitzen, wo ich von seiner Mutter angeschrien und von seinem bulligen Bruder herumgeschubst werde.

»Keine Sorge, ich zwinge euch nicht dazu, aber wisst ihr, was? Es hat geklappt. Die Kinder haben sich mit anderen Augen gesehen und Gemeinsamkeiten entdeckt. Ich schlage also vor, dass wir in diesem Fall etwas Ähnliches tun.«

Wieso macht er das bloß? Das Letzte, was ich brauche, ist mehr Zeit mit Blakemore. Ich ertrage ja nicht mal seinen Anblick. Wenn Mr Osho von dem Video in der Toilette und den anderen Gemeinheiten wüsste, die Blakemore mir angetan hat, dann würde er jetzt vielleicht nichts vorschlagen.

»Mr Osho, ich m-m-muss Ihnen e-e-e-etwas s-s-sagen«, setze ich an, verstumme aber, als ich sehe, wie Blakemore scheinbar interessiert den Kopf zur Seite neigt.

Mr Osho wartet eine Weile, und als er begreift, dass ich doch nichts sage, erklärt er: »Gut, ich habe da eine Idee. William, du hast Probleme in Mathe, stimmt's?«

»Nein.«

»Tja, deine Noten besagen etwas anderes. Billy, Mathe ist dein bestes Fach. Wie wäre es also, wenn wir uns einmal pro Woche während der Vormittagspause zusammensetzen? Du, Billy, kannst William dann Nachhilfe geben.«

»Nie und nimmer!«, rufen Blakemore und ich wie aus einem Mund.

»Gut, na schön, dann muss ich eure Eltern herbestellen, damit wir eine andere Lösung finden.«

Ich will auf keinen Fall, dass Mum kommt, denn dann könnte ich mir ewig was anhören. Ich merke, dass auch Blakemore nicht will, dass seine Mutter aufkreuzt, also sage ich: »Okay, ich m-m-mache es, wenn er es a-auch w-w-will.«

»Meinetwegen«, zischt er. »Aber ich bezweifele, dass wir dicke Freunde werden.«

»Warten wir's ab«, sagt Mr Osho. »Wie wäre es mit Mittwochvormittag?«

Während wir durch den Flur gehen, bemerke ich, dass ich zum ersten Mal neben Blakemore gestanden habe, ohne dass er mir etwas angetan hat. Als wir am Theater vorbeigehen, fällt mir auf, dass man neben die vielen Talent-Show-Plakate noch ein anderes gehängt hat. Ich bleibe stehen, um es zu lesen, und Blakemore geht weiter.

»Bis Mittwoch, Billy«, sagt er über die Schulter. »Ich k-k-kann's kaum e-e-e-erwarten!«

165

Irgendetwas sagt mir, dass Mathe nicht reicht, damit er nicht mehr so fies ist, aber Mr Osho wird ja dabei sein, mir kann also nichts passieren. Ich schaue zum neuen Plakat auf.

Überlegst du, bei der
Talent-Show mitzumachen?

Möchtest du in einer Band mitspielen?
Deinen Auftritt proben?
Vor einem netten kleinen Publikum üben?

Öffentliche Proben in der
Music Lounge, Mittwoch, 4. November,
12:30 Uhr bis 13:30 Uhr.

Komm vorbei und schau zu oder mach mit.

»Hast du Lust darauf, Billy? Mir ist aufgefallen, wie du das Schlagzeug anstarrst.« Alex steht hinter mir.

»Ja, ich wwwürde e-echt gern spielen.«

Mir fällt ein, dass Ellie meinte, sie wolle zu den Proben kommen. Dann kann ich mein Programm nicht aufführen, noch nicht – zuerst muss ich den Kurs absolvieren –, aber ich könnte Schlagzeug spielen. Seit Mr Osho mir den Set gezeigt hat, habe ich wie verrückt geübt.

»Aber ich sch-sch-schätze, man muss in einer Band sein«, sage ich zu Alex. »Spielst d-d-du ein Instrument?«

Im nächsten Moment wird mir bewusst, dass das eine idiotische Frage ist, denn er hört ja kaum etwas. Ich will mich entschuldigen, aber er merkt, wie peinlich es mir ist, und lacht.

»Klingt bescheuert, ich weiß, aber ich gehe seit sieben Jahren zum Klavierunterricht, weil meine Mutter das so will. Keine Ahnung, wieso. Ich kann ja nicht mal hören, was ich spiele! Aber sie meint: ›Notenlesen ist eine Fähigkeit, die jeder erlernen sollte.‹«

»Ganz schön heftig«, sage ich.

»Ja, oder? Mum behandelt mich genau wie meine Brüder. Sie haben Klavierunterricht, also muss ich auch ran. Dass ich nicht gut höre, ist egal. Ich lerne es vermutlich auf eine andere Art.« Dann ahmt er wieder seine Mutter nach: »›Anders zu sein, ist gut, Alex. Nutze es zu deinem Vorteil.‹«

Alex ahmt seine Mutter super nach. Er spricht mit hoher Stimme und fährt sich durch die Haare. Als es zum letzten Mal klingelt und sich der Flur wie auf Kommando mit Kindern füllt, lache ich immer noch.

Als ich nach der Schule ins Seniorenheim stürme, renne ich fast Mrs Gibbens über den Haufen, die Großbutters Zimmer wie in Zeitlupe verlässt, wieder das Foto ihres Hundes in der Hand. Ich murmele eine Entschuldigung und versuche, sie nicht anzuschauen. Sie kommt mir vor wie ein lebendiger Geist. Nachdem ich sie umkurvt habe, sehe ich Großbutter, die auf ihrem Sofa sitzt und *Countdown* guckt.

»Ich kann die Buchstaben nicht mehr lesen, Billy. Keine Ahnung, warum ich mir das noch antue. Stell bitte den Fernseher aus, mein Schatz, und erzähl mir, wie dein Tag war.«

»Ich habe grrroße Neuigkeiten«, sage ich und kann meine Aufregung kaum zurückhalten.

»Soso? Das klingt vielversprechend.«

»Ist es auch! Ich habe mich für eine T-Talent-Show eingetragen, Großbutter! Ich werde meine W-W-Witze auf der Bühne erzählen, wie du es dir gewünscht hast. Erinnerst d-du dich noch an mein Versprechen? Tja, ich w-werde es halten. Ich werde es tun.«

»Ach, Billy«, sagt sie lächelnd, nimmt mein Gesicht in ihre runzligen Hände und schaut mir in die Augen. »Ich werde in der ersten Reihe sitzen und dir zujubeln. Ich kann es kaum erwarten!«

Dann hält sie mir die Hand hin, und wir bekräftigen die Sache wieder, indem wir unsere kleinen Finger ineinanderhaken.

Siebzehn

Was essen Katzen am liebsten zum Geburtstag?
Maus au Chocolat.

Ich bin zwölf Jahre alt!

Ich finde es gut, zwölf zu sein. Im nächsten Jahr werden mir alle Erwachsenen damit in den Ohren liegen, dass ich dreizehn bin. Das fängt jetzt schon an! »Nicht mehr lange, dann bist du ein Teenager!« Als wäre das etwas Außerge-wöhnliches. Als ich zehn wurde, war es ähnlich. Ich habe mitgezählt, wie viele Leute sagten: »Zweistellig!« Es wa-ren achtundvierzig, ohne diejenigen, die es zuerst gesagt haben und mich überhaupt erst auf die Idee brachten, zu zählen. Es waren bestimmt an die sechzig. So viele Leute, die alle das Gleiche sagten. Ich wusste nie, was ich darauf antworten sollte. Was kann man da bloß sagen?

Chloe ergeht es mit ihrem Wackelzahn genauso. »Du solltest einen Faden um deinen Zahn wickeln und das andere Ende an eine Türklinke binden.« Immer und im-mer wieder. Ich bekomme mit, wie sie guckt, wenn ihr das zum x-ten Mal gesagt wird. Sie weiß nicht, was die Leute wollen. Ich zähle für sie mit. Bisher wurde es siebzehn Mal gesagt, aber die Zahl wird steigen, wenn ihr Zahn

nicht bald ausfällt. Ich wette, am Ende wird es über fünfundzwanzig Mal passiert sein. Ich habe ihr erzählt, dass
ich darüber Buch führe. Sie lächelte, als wäre sie froh, dass
es jemandem aufgefallen war, und striegelte ihr Plüsch-
pony weiter.

Als an diesem Morgen an die Tür geklopft wird, renne ich
hin, weil ich hoffe, dass es um meinen Geburtstag geht.
    Ein bleicher Paketbote steht auf der Türschwelle und
fragt: »Wohin mit dem Schlagzeug?«
    Ich kann es nicht fassen!
    An dem Paket hängt ein Brief:

Mein lieber Billy,
kümmere Dich nicht darum, was andere sagen …
Mach ein bisschen Krach und hab Spaß! Vielleicht
kann ich Dich ja sogar bis hierher hören! Du bist der
beste Enkel auf der ganzen Welt, und ich liebe Dich
so sehr.
Deine Großbutter

Als Mum das liest, sagt sie halblaut: »Ich glaube, sie ver-
liert den Verstand.«
    Unfassbar, dass Großbutter mir ein Schlagzeug zum
Geburtstag schenkt. Ich habe allerdings das Gefühl, dass
Mum und Dad nicht allzu begeistert sind. Sie hat ihnen
nicht mal davon erzählt!
    Ich ziehe mich so schnell an, wie ich kann, und renne

zum Heim, ohne anzuhalten. Ich bin total außer Puste, und als ich in Großbutters kleinem Zimmer stehe, umarme ich sie ganz fest. Sie gluckst vor Lachen und sagt immer wieder: »Mein Junge.« Ich spüre ihren dünnen Körper unter dem Bademantel, sie fühlt sich zerbrechlich an.

Offenbar hat sie einen der Pfleger gebeten, das Schlagzeug im Internet zu bestellen. Sie meint, sie hatte noch Erspartes und wollte mir ein ganz besonderes Geschenk machen. Dann schläft sie ein, noch während ich mit ihr rede, ich kann mich also gar nicht richtig verabschieden.

Ein komplettes Schlagzeug! Und ich dachte, ich müsste bis in alle Ewigkeit mit Stiften üben. Ich bin total aus dem Häuschen. Als ich heimkehre, baut Dad das Schlagzeug gerade in der Garage auf, aber er sieht nicht besonders glücklich aus. Ich spiele stundenlang, ohne Pause, bis ich Blasen an den Händen bekomme. Schließlich kommt Mum und meint, die Nachbarn hätten sich beschwert, wir müssten also »ein paar Regeln aufstellen«.

Ich wünschte, ich hätte ein schalldichtes Studio, weil ich dann den ganzen Tag spielen könnte. Dad meint, es sei wohl gut, die Sache etwas zu beschränken, sonst wäre ich bald taub! Er befiehlt mir, diese albernen Ohrschützer aufzusetzen. Ich finde das idiotisch. Ein Schlagzeug *soll* laut sein! Deshalb trage ich sie nur, wenn er dabei ist.

Ich übe den Double-Stroke-Roll (das ist wie ein normaler Roll, nur dass man zwei Mal schlägt). Er ist ziemlich schwierig. Dad hat seine alte Gitarre vom Dachboden geholt, und wir spielen zusammen. Ich wusste gar nicht, dass er Gitarre spielt. Er ist ziemlich gut! Wir sind fast so was wie eine richtige Band. Ich finde, wir sollten uns *Die Haifische* nennen.

Wenn wir einen gemeinsamen Rhythmus finden, ist das toll. Als ob wir uns mit Musik unterhalten. Als wäre es eine andere Sprache. Dad nennt das »im Flow sein«, und ich glaube, es gefällt ihm genauso gut wie mir. Ich denke, dass ich das Schlagzeug behalten darf.

Mum und Dad haben mir ein cooles Mikrofon zum Geburtstag geschenkt, damit ich meine Witze üben kann. Es sieht aus, als wäre es aus Gold, und hat Tasten, mit denen man die Stimme verändern kann. Als ich nicht weiter Schlagzeug spielen darf, gebe ich im Wohnzimmer eine Vorstellung für sie. Ich stelle das Mikro so ein, dass ich klinge wie ein Streifenhörnchen, und gebe meine neuesten Witze zum Besten.

»Was ist weiß und s-s-summt um einen Baum? Die B-B-Biene Mayo!« Über diesen Witz lacht Chloe so sehr, dass sie in die Hosen macht.

Nach dem Auftritt im Wohnzimmer lege ich das Mikro in meinem Zimmer ganz oben aufs Regal, damit ich es sehen kann, wenn ich einschlafe. Ich habe beschlossen, es erst wieder zu benutzen, wenn ich den Kurs hinter mir habe. Damit ich richtig hineinsprechen kann. Ich bin ganz aufgeregt, wenn ich es anschaue. Weil ich weiß, dass ich nicht mehr stottern werde, wenn ich es wieder verwende.

Das Institut für stotternde Menschen hat leider noch nicht reagiert. Sie müssen sich beeilen, denn der Kurs beginnt in einer Woche! Ich habe meine Tasche schon heimlich gepackt und sie ganz hinten im Kleiderschrank versteckt. Ich habe meinen blauen Lieblings-Hoodie und meine schwarze Jeans hineingetan, weil ich die Sachen tragen will, wenn ich auf der Kiste stehe.

Als ich wieder unten bin, entdecke ich einen großen Umschlag mit meinem Namen darauf, der unter dem Briefkastenschlitz auf dem Fußboden liegt. Die Karten meiner Großtanten, denen ich noch nie begegnet bin, und die Geschenke meiner Cousins und Cousinen sind schon da, ich habe also keine Ahnung, von wem er ist. Ich öffne den Umschlag und weiß sofort, von wem er ist, als ich das selbst gemachte Buch auspacke. Auf dem Cover ist eine tolle Zeichnung von einer Bühne mit Samtvorhängen, und ich bin auch darauf zu sehen, mit einem Mikro in der Hand.

Oben auf dem Cover steht:

DAS BUCH DER UNENDLICH VIELEN WITZE
VON
BILLY PLIMPTON
ILLUSTRIERT VON SKYLA NORKINS

Auf jeder Seite steht einer meiner Witze, jeweils mit einer Karikatur. Skyla muss eine Ewigkeit dafür gebraucht haben.

Nach dem letzten Witz sind noch jede Menge Seiten frei, und da steht:

WENN DU NIE AUFHÖRST, DEINE WITZE ZU ERZÄHLEN, HÖRE ICH AUCH NIE AUF, SIE ZU ILLUSTRIEREN ...

Ich bin ziemlich sprachlos und habe das Gefühl, gleich heulen zu müssen, und deshalb klatsche ich mir auf die Wangen und sage: »Rrreiß dich zusammen, Bill! Du bist j-jetzt zwölf, verdammt!«, und dann nehme ich mein ganz persönliches Witze-Buch und stelle es zu den anderen ins Regal.

Unglaublich, dass Skyla sich an all meine Witze erinnert. Vielleicht hat sie das ja während der Mittagspausen gemacht, hat die ganze Zeit, in der ich sie gesucht habe, damit verbracht, sie so super zu illustrieren. Ich kann es kaum erwarten, dass sie mir dabei zusieht, wie ich meine Witze auf der Bühne erzähle, ohne zu stottern.

Nachmittags kommen Matthew, Josh und Alex, und zum allererersten Mal übernachten meine Freunde bei mir.

Es gibt mein Lieblingsessen, Käse-Makkaroni mit ordentlich Pesto und Knoblauchbrot. Anschließend kämpfen wir im Wald am Ende der Straße mit Nerf-Guns gegeneinander. Mum und Dad geben jedem von uns eine und jeweils zweihundert Schuss Munition! Chloe, die nicht mitspielen will, steht mit ihren Pompons am Rand und feuert uns an.

Wir bilden zwei Teams: Alex, Mum und ich gegen Dad, Josh und Matthew. Wir müssen eine Toblerone von einem Baum retten und zu unserer Basis zurückkehren, ohne getroffen zu werden. Wenn wir das schaffen, dürfen wir die Schokolade essen. Wir spielen drei Runden, und mein Team gewinnt zwei davon. Danach verteilen wir die Toblerone, und Mum, Dad und Chloe gehen nach Hause. Die Jungs und ich spielen weiter, bis unsere Finger taub vor Kälte sind, und als wir kaum noch den Abzug betätigen können, gehen wir nach Hause, um Geburtstagskuchen zu essen und heiße Schokolade zu trinken.

Nach dem Kuchen machen wir zusammen Musik. Matthew spielt Dads Gitarre. Er nimmt seit einer Weile Unterricht an der Schule und ist schon ziemlich gut. Josh spielt Tamburin, das einzige andere Instrument, das wir haben. Ich mache Josh dabei nach, wie er das Tamburin so wild schüttelt, als könnte er nicht mehr damit aufhören. Josh macht mit, und wir toben durch die Garage, bis wir uns vor Lachen ausschütten. Weil wir kein Klavier für Alex haben, trommelt er auf Chloes altem Spielzeug-Xylofon.

Unser Zusammenspiel klingt ganz okay. Ich frage, ob sie am Proben-Tag in der Music Lounge spielen wollen, damit ich mich an das Schlagzeug setzen kann. Natürlich erzähle ich nicht, dass ich Ellie etwas vorspielen will! Das wäre zu riskant. Sie meinen, dass sie es sich überlegen. Anschließend schauen wir in meinem Zimmer *Jumanji* und futtern Popcorn.

Alex pennt um halb elf ein! Unfassbar. Vor allem, weil er um fünf Schokoriegel gewettet hat, dass er am längsten aufbleiben wird. Alex muss sich ständig mit anderen messen. Einmal hat er um ein Pfund gewettet, den Atem länger anhalten zu können als ich. Ich habe gewonnen, denn ich schaffte zwanzig Sekunden mehr, aber das Geld hat er mir nie gegeben.

Josh und Matthew schlafen vor Mitternacht ein. Wir haben nicht mal die Süßigkeiten aufgegessen.

Am Ende verputze ich alleine beide Tüten M&Ms und alle Haribos. Danach ist mir kotzübel, und ich schleiche um Mitternacht noch mal zu Mum. Ich fange mächtig zu schwitzen an und habe das Gefühl, dass ich mich übergeben muss. Ein Glück, dass es doch nicht passiert. Sie holt gemeinsam mit mir mehrmals tief Luft, bis es mir besser geht.

So war die Übernachtungsparty nicht geplant. Sobald ich mich gefangen habe, schleiche ich zurück. Mum meint, meine Freunde dürften »nicht ohne das Geburtstagskind aufwachen«. Alex pennt in meinem Bett, mit dem Kopf am anderen Ende. Es ist so finster, und er ist so still, dass ich nachschaue, ob er noch lebt. Ich berühre seine Zehen mit den Fingern, und als er sich auf die andere Seite wälzt, bekomme ich einen Riesenschreck!

Danach dauert es eine Ewigkeit, bis ich einschlafe. Ich denke über meinen Geburtstag nach, während meine Freunde neben mir schnarchen. Ich habe tatsächlich Freunde gefunden! Jetzt muss mir nur noch das Institut antworten. Vor dem Einschlafen schaue ich noch mal nach den Mails. Keine Ahnung, warum die so lange brauchen. Sobald ich mein blödes Stottern los bin, ist mein

Leben eine runde Sache. Obwohl sich mein Geburtstag, wenn ich ehrlich bin, auch wie eine runde Sache anfühlt. Während ich im Bett liege, dem Schnarchen lausche und zu meinem schönen Witze-Buch und dem Mikro aufblicke, bin ich tatsächlich glücklich. Einfach nur glücklich.

Achtzehn

Warum flog Aschenputtel aus der Fußballmannschaft?
Weil sie immer vor dem Ball weggerannt ist.

Nachdem Alex, Matthew und Josh ihre Schlafsäcke eingerollt haben und abgeholt wurden, versuche ich, Mum weiszumachen, dass mir von den vielen Haribos immer noch zu übel ist, um zum Fußball gehen zu können, aber sie glaubt mir nicht.

»Immer das Gleiche mit dir«, meint sie, als sie Chloes Tanzsachen in eine Tasche stopft. Ich versuche, noch kränker dreinzuschauen, aber das kauft sie mir nicht ab. »Ich muss deine Schwester zur Tanzprobe kutschieren. Möchtest du lieber dorthin mitkommen?« Ich schüttele den Kopf. »Dein Dad muss heute filmen. Na komm, Billy, mach mir die Sache nicht so schwer.«

Ich würde am liebsten entgegnen: »Mach es *mir* nicht so schwer! Du hast ja keine Ahnung, wie hart mein Leben ist. Mach es mir doch mal leicht!« Aber dann muss ich an mein Schlagzeug in der Garage denken, an mein Mikro, die Übernachtung meiner Freunde und alle anderen Geschenke und verkneife es mir. Außerdem will ich auf keinen Fall zu einer albernen Tanzprobe, also hole ich meine Torwarthandschuhe und Stollenschuhe, steige ins Auto und höre Musik.

Als wir ankommen, lässt Mum mich auf dem Parkplatz aussteigen und ruft: »Mach's gut, mein Schatz. Viel Erfolg!« Dann fährt sie weiter.

Als ich sehe, gegen wen wir spielen, ist Mum schon weg. Ich kann gerade noch Chloes Kopf sehen, als das Auto auf die Straße abbiegt. Ich bekomme Panik und muss mich zusammennehmen, um nicht hinterherzulaufen. Mir ist richtig schlecht, und das liegt bestimmt nicht an den Haribos.

Über meiner Geburtstagsaufregung habe ich total vergessen, dass wir wieder gegen die *Beeston Rovers* spielen – Blakemores Mannschaft. Ich schaue mich um, suche verzweifelt ein Versteck, und dann sehe ich sie. An der Seitenlinie, die Hände in den Taschen und mit im Wind wehenden roten Haaren, steht Ellie. Ellie von der Bannerdale, die mir in ein paar Tagen dabei zusehen wird, wie ich Schlagzeug spiele.

Ich glaube, jetzt werde ich verrückt. Was hat sie hier zu suchen? Ich schaue immer wieder hin. Wieder und wieder. Sie ist tatsächlich da. Dann bemerkt sie meinen Blick und lächelt mich an. Schwer zu sagen, ob sie sich an mich erinnert oder nur lächelt, weil ich sie angeschaut habe. Ich erwidere ihr Lächeln etwas schief, und dann ruft mein Trainer mich zum Aufwärmen, also trotte ich zu den anderen. Ich kann Blakemore nirgendwo sehen und rede mir ein, dass er gar nicht mitspielt.

Ich hüpfe im Tor auf und ab, um mich aufzuwärmen, da entdecke ich ihn auf der anderen Seite des Spielfelds. Er grinst mich an, während er einen Ball zwischen den Füßen hin- und herkickt. Beim Anpfiff sehe ich, dass er als Stürmer spielt, ich kann ihm also nicht ausweichen. So schlimm wird es nicht werden, sage ich mir, denn was soll er vor den vielen Zuschauern schon tun? Ich schaue immer wieder zu Ellie, die neben ihrem Vater steht.

In diesem Moment knallt der Ball gegen meine Brust. Mir bleibt die Luft weg, und ich sacke auf die Knie. Ich sehe den Ball direkt vor mir und werfe mich darauf. Unfassbar! Ich habe den ersten Torschuss des Spiels gehalten! Jetzt muss ich mich voll konzentrieren. Ich darf mich vor Ellie nicht blamieren. Als ich aufblicke, wird mir klar, dass Blakemore den Ball gegen meine Brust gedonnert hat. Er ist nicht erfreut darüber, dass ich ihn gehalten habe.

Während des weiteren Spielverlaufs halte ich genauso viele Bälle, wie ich durchgehen lasse, aber das ist halb so wild. Bei jedem Tor, das *Beeston* schießt, grölt Blakemore Sachen wie: »Armer B-B-Billy Plimpton.« Oder: »So ein Pech, B-B-B-Billy Plimpton.«

Eigentlich ist er ziemlich clever. Wenn er etwas tut, dann immer so, dass er damit durchkommt. Die Erwachsenen wissen einfach nicht, was sie mit ihm machen sollen.

Als ich zu Ellie schaue, wirkt sie gelangweilt oder traurig, ich kann es nicht genau sagen.

Dann gibt es eine Ecke für *Beeston*, und ich versuche,

mich so hinzustellen, dass ich genau sehen kann, was geschieht. Ecken sind immer am schlimmsten. Bei meiner Größe sehe ich so gut wie gar nichts. In diesem Moment rempelt Blakemore mich mit der Schulter an. Macht sich richtig groß und ragt über mir auf. Als der Ball in den Strafraum fliegt, läuft alles ab wie in Zeitlupe. Der Ball segelt über Blakemore hinweg auf mich zu. Ich recke beide Arme und springe so hoch wie möglich. Er reißt den Kopf herum, und als er sieht, dass ich den Ball erreichen werde, gibt er mir einen heftigen Stoß.

Die Zeit läuft jetzt wieder im Normaltempo ab. Ich taumele rückwärts in mein Netz. Dabei knallt mein Kopf gegen den hinteren Pfosten, und ich verliere beinahe das Bewusstsein. Eine Weile liege ich benommen auf dem Boden. Dann schüttele ich den Kopf und blinzele ein paarmal, und als ich aufstehen will, steht Blakemore über mir und grinst.

»Billy, du musst besser aufpassen, Mann.« Dann hockt er sich hin und flüstert mir ins Ohr: »*Du* solltest *mir* nicht Mathe beibringen, sondern *ich* sollte *dir* beibringen, wie man richtig spricht.« Er kniet sich hin und drückt mir die Hand so fest auf die Brust, dass ich nicht hochkomme. »Willst du mich nicht bitten, dir aufzuhelfen?«

Ich weiß, dass er mich erst loslässt, wenn ich ihn darum bitte.

Ich sage gerade »H-h-h-h-hilfst …«, als Ellie auftaucht. Sie ist auf den Platz gestürmt und sieht stinksauer aus! Sie packt Blakemore beim Trikot, reißt ihn hoch und stößt ihn von mir weg. Er dreht sich nur um und geht singend auf dem Platz davon.

Ellie hält mir eine Hand hin, aber ich stehe möglichst schnell ohne ihre Hilfe auf. Mir ist es zu peinlich, sie anzuschauen.

Dann sagt sie: »Ich muss mich für meinen blöden Stiefbruder entschuldigen. Er ist ein Idiot.«

Stiefbruder? Sie kann unmöglich mit Blakemore verwandt sein. Ich bin verwirrt, fühle mich echt sonderbar. Als sich der Schiedsrichter nach mir erkundigt, antworte ich, mir sei schwindelig, und er sagt, ich solle mich auf die Bank setzen.

Ich versuche noch, alles zu verarbeiten, da bringt Ellie mir Saft und einen Keks aus dem Klubhaus. Sie setzt sich lächelnd neben mich. »Alles klar?«

»J-j-ja, ich bin das g-g-g-gewohnt.«

Sie schaut mich an, während ich spreche, und wartet ab. Genau wie bei unserer Begegnung nach dem Querfeldeinlauf.

»Du solltest dich nicht daran gewöhnen müssen«, sagt sie.

»Wohnst du m-mit ihm zusammen?«, frage ich.

»O Gott, zum Glück nicht! Mein Vater hat seine Mutter geheiratet. Ich bin nur jedes zweite Wochenende dort, und sogar das ist zu viel des Guten, wenn du mich fragst. Ich wünschte, mein Vater hätte sich nie mit dieser grässlichen Familie eingelassen.« Ich weiß nicht, was ich erwidern soll, und wir verfolgen schweigend das Spiel. Dann

182

sagt sie wie aus heiterem Himmel: »Mein Vater hat als Kind auch gestottert.«

»Ehrlich?« Ich kann die Überraschung nicht verbergen. Ich bin noch nie jemandem begegnet, der stottert. Bisher war ich immer der Einzige. Keine Ahnung, was ich dazu sagen soll. Ich habe superviele Fragen, doch die erste, die ich stelle, lautet: »Hat er so gest-t-tottert wie ich?« Dabei muss ich an die weinende Katzen-Dame und den Mann mit dem Wutanfall aus der Doku denken. Ob er so ähnlich gestottert hat wie die beiden?

»Weiß ich nicht, ich habe es ja nie gehört.« Sie beobachtet weiter das Spiel.

»Tja, ich n-n-nehme nächste Woche an einem Kurs teil, in dem ich mein Stottern lllloswerde«, sage ich und frage mich im selben Moment, wieso ich vor Ellie damit herausplatze. Bisher habe ich noch niemandem von dem Kurs erzählt. Außerdem habe ich immer noch keine Antwort.

»Echt?«, sagt sie.

Ich nicke bloß. Keine Ahnung, wieso, aber es schnürt mir wieder die Kehle zu, und meine Augen kribbeln komisch, aber sie scheint das zum Glück nicht zu bemerken.

»Seit mein Vater bei ihnen eingezogen ist, führen sich William und sein idiotischer Bruder Dillan furchtbar auf.« Sie lehnt sich zurück und blickt zum Himmel auf. In der Sonne wirkt ihr Haar, als würde es brennen. »Sie haben beide gehofft, ihre Eltern würden wieder zusammenkommen, obwohl ihr Vater offenbar ein ziemlich ätzender

Typ ist. Als mein Dad ihrer Mutter einen Heiratsantrag gemacht hat, haben sie kapiert, dass das nicht passieren wird. Dillan lässt seinen Frust darüber an William aus. Er behandelt ihn richtig mies.«

»Ich habe ihn mal g-gesehen, glaube ich«, sage ich und erinnere mich an die wütende Miene des älteren Jungen.

Ellie sieht mich an. »Vielleicht ist William deshalb so gemein. Nicht dass das eine Entschuldigung wäre. Dazu kommt, dass er die Schule regelrecht HASST.«

»Echt? Ich kann mir nicht vorstellen, dass B-B-Blakemore die Sch-Sch-Schule hasst. Er tobt l-liebend gern herum und mobbt jeden.«

»Nein, nein, er hasst sie. Immer wenn ich eine Weile bei meinem Vater bin, bekomme ich mit, wie William versucht, um die Schule herumzukommen. An manchen Tagen wird er heulend von seiner Mutter ins Auto gezerrt. Ihm fällt *alles* schwer, in der Grundschule konnte er kaum lesen. Er hat jede Menge Tests gemacht, weil man wissen wollte, woran es liegt. Aber das ist natürlich keine Entschuldigung dafür, dass er so fies ist.«

Wir sitzen eine Weile da und blicken zum Himmel auf, und dann sagt sie: »Nimmst du an den Proben in der Music Lounge teil?«

»Ja. Bestimmt!« Diese Wörter kommen mir über die Lippen, bevor ich merke, was ich sage.

»Super! Dann höre ich dich ja doch noch am Schlagzeug.«

Als der Trainer Mum von meiner »Kopfverletzung« berichtet, hat sie offenbar ein schlechtes Gewissen, mich zum Spielen gezwungen zu haben, denn ich darf auf dem Sofa liegen und den ganzen Nachmittag Filme gucken, während sie Zeitung liest.

»Brauchst du noch etwas, mein Schatz?«, fragt sie auf dem Weg in die Küche. Herrlich, wenn man so bemuttert wird, denke ich. Ich sollte mich öfter verletzen.

»Etwas SSSaft, bitte«, sage ich mit schwacher Stimme. »Oh … u-und ein paar Chips?«

»Kommt sofort«, sagt sie und legt die Zeitung auf den Beistelltisch. Mir fällt eine Überschrift unten auf der Seite ins Auge.

Elektrische Stimulierung des Gehirns als Behandlungsmethode gegen Stottern getestet

Ich springe auf und schnappe mir die Zeitung. In dem Artikel geht es darum, dem Gehirn über kleine Haftpolster elektrische Impulse zu geben. Ich reiße den Artikel heraus, bevor Mum wiederkommt, um ihn später in Ruhe lesen zu können. Ich verberge ihn auf meiner Pinnwand hinter den vielen Listen. Als ich ihn auseinanderfalten will, lese ich unten auf der Seite, die Methode befinde sich noch in der »Testphase« und werde »der Öffentlichkeit frühestens in fünf Jahren zur Verfügung stehen«. Dank sei den Göttern des Sprechens, dass ich nicht warten muss, bis sie ausgereift ist, fünf Jahre wären viel zu lange …

Neunzehn

Warum können Bienen so gut rechnen?
Weil sie sich den ganzen Tag mit Summen beschäftigen.

Das Herz sinkt mir in die Hose, als es am Mittwoch zur Vormittagspause klingelt. Ich werde volle fünfundzwanzig Minuten mit ihm verbringen müssen. Der Raum ist noch leer, und ich will schon wieder abhauen, doch als ich mich umdrehe, ist er schon da.

»Na, Billy, wie geht's deinem Kopf?«, fragt er grinsend. Hinter ihm steht Mr Osho.

»Was ist mit deinem Kopf?«, fragt Mr Osho beim Eintreten.

»N-nur ein F-F-Fußballspiel am Wochenende, Sir. Wir haben g-gegeneinander gespielt. Hatte nichts mit der Schule zu tun.«

»Schweres Tackling?«, fragt er und schaut Blakemore vielsagend an.

»T-t-tja, Sir, es war fast ein Lehrbuch-Tor«, sage ich, spreche mit meiner besten Sportreporterstimme und halte mir ein eingebildetes Mikro vor die Lippen. »Die *B-B-Beeston Rovers* starten einen neuen Angriff und erkämpfen sich in der g-g-gegnerischen Hälfte viel Raum.

186

H-H-Hartwell steht mächtig unter Druck. Richards p-p-p-passt den B-B-Ball im hohen Bogen zu Blakemore. Blakemore wirkt wie geblendet von der Stadionbeleuchtung. W-w-was ist da los? B-B-Blakemore verwechselt P-P-Plimptons Kopf mit dem Ball! Das sind wirklich e-e-entsetzliche Szenen. Plimptons Kopf p-p-prallt gegen den Pfosten und geht glatt ins Netz. L-L-Lehrbuch.«

Da muss sogar Blakemore lachen.

»Klingt schmerzhaft, Billy«, sagt Mr Osho. »Aber es hat euch jedenfalls nicht den Humor aus dem Kopf geschlagen, wie?«

Wenn Mr Osho dabei ist, fühle ich mich anders, dann bin ich mehr ich selbst, weil ich nicht so viel Angst habe.

»Na gut, Jungs, was wir hier vorhaben, scheint wichtiger denn je zu sein. Ich korrigiere Arbeiten, und ihr macht die Mathe-Hausaufgaben. Wie wäre das?«

»Prima«, sagen wir wie aus einem Mund, auch wenn Blakemore das Wort ganz anders betont als ich.

Ich habe meine Hausaufgaben schon gemacht, warte also darauf, dass Blakemore seine Sachen herausholt.

»Was glotzt du so?«, murmelt er, und ich sehe, wie Mr Osho aufblickt.

»Ich habe die HHHHausaufgaben schon g-gemacht, also helfe ich dir jjjetzt bei d-deinen«, flüstere ich. Mr Osho korrigiert weiter.

Als Blakemore sein Matheheft herausholt, fallen mir seine anderen Schulhefte und Bücher in seinem Rucksack auf. Sie sind alle zerknickt und zerfleddert. Sein Matheheft ist mit Totenschädeln und gekreuzten Knochen bekritzelt.

»Super Schädel«, flüstere ich.

Ich merke, dass er etwas Fieses antworten will, dann schaut er aber zu Mr Osho und verkneift es sich.

Es sind Hausaufgaben in Algebra. Als er die Seite sucht, kann ich sehen, dass er keinen einzigen Hausaufgabenbogen bearbeitet hat. Sie sind entweder leer oder vollgekritzelt. Ich schaue ihn an und bemerke, dass er rot wird, während er weiterblättert. Er sieht genauso aus wie während der Mathe-Arbeit. Wie ein kleiner Junge.

Weil ich merke, dass er absolut keine Lust hat, loszulegen, flüstere ich halblaut: »W-wie wäre es, wenn ich d-dir zeige, wie man die erste Aufgabe l-l-löst, damit du die z-zweite anschließend selbst lösen k-kannst?«

»Wie wäre es, wenn du alles für mich machst?«, flüstert er.

»Wie wäre es«, geht Mr Osho dazwischen, »wenn ich mir hinterher anschaue, was ihr gemacht habt? Damit ich auch ganz sicher weiß, ob ihr die Aufgaben kapiert habt?«

Ich schaue Blakemore entschuldigend an und zucke mit den Schultern. Dann hole ich meine Stifte heraus und gebe ihm einen.

Als es klingelt, haben wir keine einzige Aufgabe erledigt. Ich habe es immer wieder erklärt und ihm gezeigt, wie es geht, bis er nickte, aber er schaffte es auch danach nicht allein. Es ist, als würde sich in seinem Gehirn etwas verhaken.

188

»Ist doch sinnlos«, meint er.

»I-i-ist vielleicht ein b-b-bisschen wie mit meinem Spr-r-rechen. Je stärker ich mich bem-m-m-mühe, desto schlimmer w-w-wird es.«

»Ja, kann sein«, sagt er und schließt das Matheheft.

»Na, wie ist es gelaufen, Jungs?«, fragt Mr Osho und will nach dem Heft greifen.

»Da gibt's nichts zu zeigen«, murmelt Blakemore.

»Wie bitte, William?«

»Ich kann Ihnen nichts zeigen, okay?«, ruft Blakemore. »Ich kann das nicht. Ich schaffe das nie. Dass ich hier sitze, ist total sinnlos. Echt peinlich.« Er klingt wütend, sieht aber aus, als müsste er gleich weinen. Ich kann sehen, wie ihm Tränen in die Augen treten. Unfassbar – William Blakemore *weint*.

»Mach dich nicht verrückt, William. So etwas dauert seine Zeit. Du bleibst dran, Billy, oder?«

»J-ja, Sir«, sage ich und meine es ernst. Ich möchte William Blakemore helfen.

Als ich gehen will, sagt Mr Osho: »Kannst du noch kurz bleiben, Billy?«

Wir schauen zu, wie Blakemore mürrisch und mit hängenden Schultern davonschlurft.

»Bist du sauer auf mich, weil ich dich gebeten habe, das zu tun?«, fragt er und beißt auf seinen Daumennagel.

»Nein, Sir.«

»Du gibst es zwar nicht zu, aber ich weiß, was zwischen euch läuft, Billy, okay?«

Ich nicke bloß.

»Wenn du nicht darüber redest, kann ich wenig tun, aber du sollst wissen, dass ich ein Auge darauf habe. Ich lasse das nicht ewig so weitergehen. Verstehst du?«

»Ich w-w-wünschte nur, alles wäre etwas e-einfacher, Sir.«

»Ich auch, Billy. Manchmal hilft da nur eines.« Und er gibt mir die Trommelstöcke, holt seine Trompete aus dem Schreibtisch und fragt: »Legen wir los?«

Während des Mittagessens halte ich Ausschau nach Skyla. Sie war die ganze Woche nicht in der Schule, und seit ich mein Witze-Buch erhalten habe, haben wir nicht mehr gesprochen. Heute Morgen habe ich Mr Osho gefragt, ob es ihr gut geht, und er meinte, sie sei zum Mittagessen wieder da. Ich kann sie aber nirgendwo sehen und esse meine Pommes allein. Ich würde ihr gern wieder etwas vorspielen. Mein Programm für die Talent-Show noch mal durchgehen. Ich will gerade aus der Mensa gehen, da kommt sie zur Tür herein. Sie sieht noch zerzauster aus als sonst, ihre Haare sind total struppig.

»Geht's d-d-d-dir gut?«, frage ich.

»Ja, mir geht's gut«, sagt sie.

»Wo warst du denn?«

»Meiner Mum ging es in den letzten Wochen ziemlich dreckig, deshalb bin ich zu Hause geblieben. Ich musste mich um sie kümmern.«

»Das klingt h-hart«, sage ich.

»Tja, was soll's, jetzt bin ich ja wieder da. Was gibt es Schöneres als die Bannerdale High School!«

»Ich habe dich seit meinem Geburtstag n-n-nicht mehr gesehen«, sage ich. »Dein G-Geschenk ist das BESTE, was ich j-j-je bekommen habe.«

»Ganz ruhig, Tiger. Das kann nicht sein. Ich hatte kein Geld und habe deshalb beschlossen, etwas selbst zu machen. So toll ist das also nicht.«

»Doch. Ich finde es g-großartig.«

Ich würde sie am liebsten umarmen. Sie wirkt total traurig und einsam, und ich glaube, sie versteht nicht, wie gut mir ihr Geschenk gefällt. Aber dann sehe ich, wie Ellie im Flur auf uns zukommt, und tue es nicht.

»Hi, E-E-Ellie!«, sage ich möglichst neutral. Sie hört mich nicht, und Skyla setzt sich in Bewegung.

»Wir sehen uns im Unterricht, Bilbo«, ruft sie.

Wieder zu Hause, schaue ich mir alte Mathebücher an, weil ich mich daran erinnern will, wie ich Algebra gelernt habe. Als Chloe auf einem imaginären Pony hereingaloppiert, bringt mich das auf eine Idee.

»Chloe, w-weißt du, was Algebra ist?«

»Eine Krankheit?«

»Ha! Nein, es hat mit M-Mathematik zu tun. Soll ich es d-dir mal zeigen?«

»Ich hasse Mathematik.«

»Wir können es ssso machen, d-dass es dabei um Pferde geht.«

Sie wirkt skeptisch.

»Und ich schenke dir eine G-G-G-Geburtstagsschokolade.«

»Gut!«, sagt sie, galoppiert rüber und bindet ihr imaginäres Pony an die Geschirrspülmaschine.

Fünf Geburtstagsschokoladen, zig Einhörner und Ponys später glaube ich, dass sie eine Vorstellung von Algebra bekommen hat. Blakemore würde mich natürlich vermöbeln, wenn ich ihm mit Pferden und Fabelwesen käme, aber ich denke, ich hab eine Idee. Ich muss nur wissen, was er gerne mag.

Zwanzig

*Arzt: »Ich habe eine schlechte und eine sehr schlechte
Neuigkeit.«
Patient: »Hm, nennen Sie mir bitte zuerst die schlechte.«
Arzt: »Das Labor hat Ihre Testergebnisse übermittelt.
Sie haben noch vierundzwanzig Stunden zu leben.«
Patient: »Vierundzwanzig Stunden! Das ist ja entsetz-
lich! Und die sehr schlechte Neuigkeit?«
Arzt: »Ich versuche schon seit gestern, Sie zu erreichen.«*

Diese Woche habe ich besonders schlimm gestottert. Ich
weiß nicht, wieso. In der Schule läuft es gut, ich habe
super Freunde, und meine Witze werden immer besser.
Bei meinem Besuch im Seniorenheim gestern musste
Großbutter so lachen, dass ihr die Luft wegblieb. Ich
habe ihr vorgeführt, wie Mum und Dad mich ermahnen.

Mum kann ich perfekt nachmachen: »Billy Plimpton,
komm sofort her. Wieso, in Gottes Namen, liegen fünf
Paar Schuhe in meiner Küche? Ist das hier ein Schuhge-
schäft? Wenn du deinem Zuhause nicht etwas mehr Respekt entgegenbringst, platzt mir bald der Kragen!« Ich
klang genau wie sie, ahmte nicht nur ihre Stimme, son-

dern auch ihre Angewohnheit nach, am Ende eines jeden Satzes nach Luft zu schnappen.

Ich musste eine Pflegerin rufen, weil Großbutter nicht mehr aufhörte, pfeifend zu lachen, und sie meinte, ich solle vielleicht »eine Weile keine Witze mehr erzählen«.

Großbutter sagte ganz laut: »NEIN, BITTE MACH WEITER!« Und dann brach sie wieder in Lachen aus.

Ich habe sogar die Hoffnung, dass William Blakemore nicht mehr ganz so gemein zu mir ist, sobald ich eine Möglichkeit gefunden habe, ihm in Mathe zu helfen. Mein Stottern sollte sich also nicht verschlimmern, sondern verbessern. Aber so einfach ist das nicht. Manchmal ist die Verschlimmerung verständlich, weil ich müde oder gestresst bin und alles totaler Mist ist, aber manchmal ist alles in Butter, und trotzdem stottere ich wie blöde. Das nervt.

Heute sitzen wir im Schauspielunterricht von Mrs Gallagher im Kreis, und sie fordert uns auf, einen Witz, ein Rätsel oder eine Tatsache zum Besten zu geben. Super!, denke ich und beginne sofort, die neuesten Witze auf meiner Top-Ten-Liste durchzugehen.

Ich weiß, dass ich fast zuletzt an der Reihe bin, und während einer nach dem anderen drankommt, werde ich immer aufgeregter und ungeduldiger. Mir ist der perfekte Witz eingefallen, einer, den ich noch nie ausprobiert habe. Ich habe ihn in der Bücherei in einem Witze-Buch entdeckt:

Zwei Zahnstocher gehen im Wald spazieren. Plötzlich

kommt ein Igel vorbei. *Sagt ein Zahnstocher zum anderen:* *»Ich wusste gar nicht, dass hier ein Bus fährt.«*

Ich gehe den Witz immer wieder durch, damit jedes Wort stimmt, und wähle eine Stimmlage für die Pointe aus. Yasmin erzählt ein Rätsel, das mit einem Pferd zu tun hat, kommt aber durcheinander und verrät aus Versehen die Lösung. Alle beginnen zu kichern, und man kann ihr ansehen, wie sehr sie sich schämt. Urplötzlich bekomme ich schreckliche Angst. Ich darf den Witz nicht erzählen. Alle werden mich auslachen.

In diesem Moment sagt Mrs Gallagher: »Billy?«

Ich versuche, meine Befürchtungen zu verdrängen, und stürze mich in den Witz.

»Z-z-z-z-z-z…« Ich hole tief Luft und nehme einen neuen Anlauf. »Z-z-z-z-z-z…« Ich probiere es mit einem weichen Einstieg, wie *Schmuser* es immer tut: »Wei«, aber dann bleibe ich am »w« hängen.

Ich bemerke die verlegenen Gesichter der anderen, einige versuchen, nicht zu kichern. Mrs Gallagher wartet eine Ewigkeit, aber bei dem Wort »gehen« gebe ich auf und lasse den Kopf auf die Knie sinken. Ich würde am liebsten wegrennen und mich verstecken.

Dieser Vorfall schwirrt mir den ganzen restlichen Tag im Kopf herum, und ich versuche, mit niemandem zu reden. Beim Mittagessen sitze ich stumm neben Skyla.

»Alles klar, Bilbo?«, fragt sie.

Ich nicke nur und bringe wortlos mein Tablett weg. Dann laufe ich einsam durch die Flure, anstatt in die Music

Lounge zu gehen. Ich kann es nicht erwarten, dass das Stottern endlich verschwindet. Ich HASSE es.

Zu Hause schaue ich zuerst nach meinen E-Mails und sehe, dass das Institut für stotternde Menschen endlich geantwortet hat!

Lieber Billy,

danke, dass Du uns geschrieben hast.
Ich fürchte, unsere Kurse sind nichts für Zwölfjährige. Sie wurden entwickelt, um stotternden Erwachsenen zu helfen. Unser Ansatz wäre für einen Zwölfjährigen zu intensiv und anstrengend und überdies eine psychische und emotionale Überforderung. Wir konnten bei Teenagern jedoch gewisse Erfolge verzeichnen. Du kannst es in ein bis zwei Jahren also gern noch einmal versuchen.
Es tut mir aufrichtig leid, dass wir Dir zu diesem Zeitpunkt nicht helfen können. Vielleicht kann dir Dein Logopäde eine passende Therapie in Deiner Nähe empfehlen?

Mit den besten Wünschen
Brian

Während ich die E-Mail in meinem Zimmer lese, wird mir ganz heiß, und ich werde immer wütender. Ich knalle die Hülle des iPads zu und brülle mich im Spiegel an. Ich werde rot und sehe entsetzlich aus. Entsetzlich und entsetzt. Mir gehen alle möglichen Gedanken durch den Kopf. Zu viele Gedanken. Sie sind richtig laut, und es kommt mir vor, als würden sie nicht von mir, sondern von jemand anderem stammen. Ich schaue die Wie-werde-ich-das-Stottern-los-Liste auf der Pinnwand an, auf der nur ein einziger Punkt steht.

Am Kurs für Stotterer teilnehmen

Ich habe das Gefühl, dass sich die Liste über mich lustig macht. *Am Kurs für Stotterer teilnehmen. Am Kurs für Stotterer teilnehmen. Am Kurs für Stotterer teilnehmen*, sagt sie ständig. Ich reiße sie ab und zerknülle sie, quetsche sie so fest zusammen, dass meine Fingerknöchel weiß und rot anlaufen. Mein Gehirn platzt fast vor Gedanken. Sie werden immer lauter. Ich drücke mir die Hände auf die Ohren, kann sie aber trotzdem noch hören.

Das war's dann. So wird es für immer sein. Du wirst im idiotischen Schauspielunterricht nie einen Witz erzählen können, von der Bühne ganz zu schweigen.

Ich sacke auf mein Bett. Was, wenn es nur noch schlimmer wird? Ich kann keine »ein bis zwei Jahre« warten. Ich muss das Stottern sofort loswerden. Die Gedanken kreisen weiter.

Jetzt wird es dir nie gelingen, Mum und Dad stolz auf dich zu machen.

Du bist nicht witzig, und du wirst es nie sein.

Du hast Ellie erzählt, dass du dein Stottern nächste Woche los bist. Sie wird dich für einen Lügner halten.

Du wirst bis in alle Ewigkeit von Blakemore gemobbt werden, und du kannst nichts dagegen tun. Du bist erbärmlich.

Ein Gedanke nach dem anderen jagt mir durch den Kopf.

Und die Talent-Show? Du hast es Großbutter versprochen. Sie wird so enttäuscht sein.

Ich stelle mir vor, es Großbutter zu erzählen und wie sie mich dann ansehen wird. Ein furchtbares Bild, und ich rubbele meinen Kopf, um es loszuwerden.

Ich beginne, vor dem Spiegel zu weinen, und als ich meinen Anblick nicht mehr ertrage, reiße ich meine Witze-Bücher aus dem Regal und schmeiße sie alle in den Papierkorb. Skylas tolles Geschenk liegt ganz oben. Dann werfe ich mich auf mein Bett und drücke mir ein Kissen auf den Kopf.

»BLÖDES STOTTERN! B-BLÖDES STOTTERN! BLÖDES STOTTERN!«, schreie ich in den Stoff.

Ich schlage auf das Kissen ein, als wollte ich das Stottern aus meinem Kopf hämmern. Es muss doch eine Möglichkeit geben, es loszuwerden. Es soll verschwinden. Aus meinem Gehirn. SOFORT.

Da fällt mir der Zeitungsartikel ein. Ich finde ihn hinter meinen Listen. Das könnte klappen. Vielleicht kann ich das sogar selbst tun. Ich muss mein Gehirn unter Strom setzen, damit es neu programmiert wird. Ich muss ihm einen Schock versetzen, der dafür sorgt, dass es normal funktioniert.

Ich springe aus dem Bett, greife nach meinem Wecker und reiße die Batterien aus dem Fach auf der Rückseite. Ich muss sie in meinen Kopf setzen. Ich muss irgendetwas TUN. Hektisch und nervös drücke ich die Batterien mit aller Kraft auf meine Schläfen. »Setzt m-mich unter Strom!«

Ich warte, doch nichts passiert.

Dann fällt mir das Überbrückungskabel ein, das in meinem Experimente-Kasten liegt. Ich hole ihn aus dem Regal, klebe die Enden des Kabels mit Tesafilm auf meine Schläfen und befestige die Klemmen an den Batterien. Ich fühle mich wie ein verrückter Wissenschaftler, der eine neue Erfindung testet.

Laut rufe ich zur Decke: »L-l-l-lasst es funktionieren, ihr Götter, b-bitte!« Dann lege ich den kleinen Schalter um. Ich spüre nichts, aber vielleicht dauert es ja, bis der Strom durch die Kabel fließt.

Mir fällt ein, dass sich Leute in Filmen bei solchen Experimenten mit einem Riemen fesseln, und ich hole einen Gürtel, den ich um meinen Oberkörper zurre. Ich betätige immer wieder den Schalter, starre in den Spiegel und schreie: »Los! Setz mich endlich unter Strom!«

Mum muss mich gehört haben. Sie stürmt herein, schnappt sich die Batterien, reißt mir die Kabel vom Kopf, wirft sie quer durch das Zimmer und schließt mich danach fest in die Arme.

»Was tust du dir da an, mein Engel?« Das fragt sie immer wieder, während sie behutsam den Gürtel löst. »Was tust du dir da an, mein Engel?« Sie weint, und ich weine auch. Schließlich zeige ich ihr den zerknüllten Zeitungsartikel.

Das war's also. Es ist aus. Mein Traum, Komiker zu werden und an der Talent-Show teilzunehmen, ist ausgeträumt. Keine Witze mehr. Keine Bühne mehr.

Ich kann noch nicht mal mehr an Großbutter denken, ohne schreien und weinen zu wollen. Ich habe mein Versprechen gebrochen. Was passiert, wenn man ein Versprechen bricht? Vielleicht finde ich das noch heraus. Bei diesem Gedanken läuft mir ein Schauder über den Rücken.

Einundzwanzig

Ich habe meinem Freund erzählt, Zwiebeln seien das einzige Nahrungsmittel, das einen zum Weinen bringt. Er hat eine Kokosnuss nach mir geworfen.

Zum Glück ist Skyla heute nicht in der Schule, ich muss also nicht so tun, als wäre alles ganz toll. Wenn ich lüge, merkt sie das. Als wir uns beim Essen mal über schräge Eigenarten ausgetauscht haben, behauptete ich, eine ganze Stunde mit einem Hula-Hoop-Reifen herumspringen zu können, aber sie wusste sofort, dass es Schwachsinn war. Keine Ahnung, wie sie das schafft. Oder was mich verrät. Als ich Josh das Gleiche erzählte, um das Lügen zu üben, meinte er nur: »Ist ja irre!« Dann zappelte er weiter rum, und weil ich ein schlechtes Gewissen wegen meiner Lüge hatte, ergänzte ich: »War nur ein Witz, ich kann das gar nicht.« Er hielt kurz mit Zappeln inne und sagte: »Billy, manchmal machen deine Witze echt keinen Sinn.«

Ich scheine heute Morgen schrecklich auszusehen, denn als ich in den Klassenraum komme, merkt Alex sofort, dass etwas nicht stimmt. Ich sage nur, dass es mir nicht so gut geht, doch er schaut mir in die Augen und zieht dann eine komische Grimasse. Er schielt und lässt die Zunge so lange heraushängen, bis ich anfange zu lachen. Es tut gut, dass Alex da ist.

Vor dem Mittagessen renne ich zum Sekretariat, um meinen Namen von der Liste für die Talent-Show zu streichen. Ich habe Mum nichts davon erzählt. Sie würde mich nur überreden wollen, trotzdem teilzunehmen. Sie versteht das nicht. Niemand versteht es.

Ich will meinen Namen durchstreichen, als ich merke, dass jemand hinter mir steht.

»Was hast du vor, Billy Plimpton?« Es ist Blakemore. Mein Magen dreht sich einmal um sich selbst, als ich zu ihm herumfahre. Ich sehe zum Schreibtisch, aber die Dame mit dem Muttermal ist nicht da. »Trägst du dich etwa für die Talent-Show ein?«, höhnt er. »Glänzende Idee!« Er sieht sehr zufrieden aus.

»N-n-n-n-n-nein«, sage ich und schüttele wie wild den Kopf. Das kann nicht gut gehen, ich weiß es.

»Doch, du trägst dich für die Talent-Show ein, richtig, Billy? Oh, sieh mal einer an, das muss ein Irrtum sein. Dein Name wurde durchgestrichen. Komm, wir korrigieren das.«

Er packt meine Hand und zwingt mich, meinen Namen wieder auf die Liste zu setzen. Während meine Hand über das Papier geführt wird und mein Name erscheint, würde ich am liebsten schreien. Aber ich habe nicht die Kraft, ihn abzuschütteln, also lasse ich es geschehen. Eine Träne läuft über meine Wange.

»Ich will dich auf der Bühne sehen, Billy Plimpton.

Wenn ich dich nicht auf der Bühne sehe, werde ich richtig sauer. Du glaubst, du hättest mich am Mittwoch richtig sauer erlebt, hm? Tja, aber da war ich eigentlich noch sehr nett, Plimpton.«

»Ich h-h-habe eine I-I-I-Idee, w-wie ich dir helfen k-k-kann«, sage ich. »B-b-bei Algebra.« Noch während ich das sage, weiß ich, wie absurd es klingt, wie verzweifelt.

Blakemore brüllt vor Lachen. »Ich bin ein hoffnungsloser Fall, Plimpton, das weißt du doch.«

»Gut, a-a-aber wir könnten es wenigstens versuchen. W-w-wir m-m-müssen es ja sowieso machen.«

»Na gut. Wenn du es schaffst, mir vor der Talent-Show Algebra beizubringen, darfst du deinen Namen von der Liste streichen.«

»Abgemacht!«, sage ich.

»Dann bis Mittwoch, Plimpton.«

In diesem Moment kehrt die Sekretärin zurück. »So ein mutiger Junge!«, sagt sie lächelnd zu mir, während Blakemore im Flur davonspringt.

Ich hole tief Luft und betrachte zitternd meinen Namen auf der Liste. Ich kann bei der Talent-Show nicht mein normales Programm bringen. Das geht jetzt nicht mehr. Denn mein Plan, das Stottern loszuwerden, ist jetzt tief begraben. Ich brauche einen neuen. Vielleicht fällt mir, wie beim WAS-MICH-AUSMACHT-Vortrag, eine Möglichkeit ein, ohne Worte aufzutreten.

Mr Osho bringt heute seinen Box Bass mit in die Music Lounge, und jeder darf mal spielen. Mum hat ihm am

Telefon erzählt, ich hätte versucht, mir einen »tödlichen Stromschlag« zu verpassen. So nennt sie das, obwohl ich ihr gesagt habe, das sei Quatsch. So, wie sie es sagt, klingt es viel zu dramatisch. Mr Osho will mehrmals wissen, wie es mir geht, und behält mich im Blick.

Der Box Bass ist echt cool. Es ist eine große Holzkiste, auf der man sitzt, mit einer langen Saite, die an einem Besenstiel befestigt ist. Er klingt wirklich ein bisschen wie ein richtiger Kontrabass. Mr Osho hat ihn aus einer alten Whisky-Kiste gebaut. Jeder versucht, einen Rhythmus zu finden und zur Musik von Aretha Franklin zu spielen. Um der Saite unterschiedliche Töne zu entlocken, muss man den Besenstiel bewegen. Matthew sieht lustig aus, als er auf der Kiste sitzt, denn seine Knie reichen ihm fast bis zum Kinn. Die Kiste scheint unter ihm zusammenzukrachen. Alex spielt ziemlich gut, aber Josh ist am besten. Er ist phänomenal. Er zuckt im Takt der Musik mit den Beinen und weiß ganz genau, wie man das Ding spielt.

Mr Osho tanzt, als hätte er vergessen, dass wir da sind. Er hat den Kopf gesenkt und schwenkt ihn hin und her und hat die Fäuste vor dem Bauch geballt. Ich sitze auf einem der Sitzsäcke und denke zu viel an Blakemore und die Talent-Show, um mittanzen zu können. Aber dann … als ich aufblicke und sehe, wie sie alle tanzen und lachen und Josh den Rhythmus hält, merke ich, wie in meinem Kopf eine Idee aufkeimt. Als der Song ausklingt und Mr Osho mit dem Tanzen aufhört, meint er, wir seien

»echte Jazz-Heads« und er wolle mal seine Trompete mitbringen, damit wir richtig »jammen« können.

Das ist es! Ich muss meine Freunde nur dazu bringen,
bei der öffentlichen Probe als Jazzband aufzutreten …
und danach werde ich sie überreden, bei der Talent-Show
mitzumachen!

Meine Idee kommt super an. Matthew muss ich zwar
mit einem Mars bestechen, aber die anderen sind auch
ohne Ermunterung durch Schokolade dazu bereit, vor
allem Josh, der ist total aufgeregt. Falls ich Blakemore
also wirklich nichts beibringen kann, was nach der letzten Nachhilfe sehr wahrscheinlich ist, dann wäre das egal.
Dann könnte ich auch an der Talent-Show teilnehmen.

Dann wäre ich kein blöder Komiker, sondern ein
Schlagzeuger! Offenbar sind »Schlagzeuger stets gefragt«,
wie Mr Osho meint. Und als Schlagzeuger muss ich nicht
sprechen. Blakemore hat mir ja nicht vorgeschrieben, was
ich auf der Bühne machen soll, er will mich nur dort sehen. Großbutter würde mich also doch auf der Bühne erleben. Es wäre perfekt.

Nachdem alle eingewilligt haben, geht es mir besser.
Ich bin sogar aufgeregt. Wir wollen nach der Schule bei
mir proben und bitten Mr Osho, uns einen Song vor-
zuschlagen, den wir bei der öffentlichen Probe spielen
können.

»Ihr wollt als Band spielen?«, fragt er. »Aber du willst
doch sicher deine Witze auf der Bühne erzählen, Billy,
oder?«

»N-nein, die W-W-Witze habe ich abgehakt«, antworte ich.

»Ehrlich? Das finde ich schade«, sagt er.

»Ich m-m-möchte Schlagzeuger s-sein«, erwidere ich und versuche, zuversichtlich zu klingen.

»Du solltest es nicht ganz abhaken, Billy. Was man liebt, darf man nicht einfach aufgeben.« Er klopft mir auf den Rücken. »Du bist ein richtig witziger Junge, vergiss das nicht.«

»Ich w-w-w-will mich bloß eine Weile der Musik widmen«, flüstere ich möglichst gelassen, den Blick auf den Boden gesenkt.

»Tja, da kann ich sicher helfen.« Er zwinkert mir zu und schreibt eine Liste mit Songs, die wir uns anhören sollen, sagt aber: »Lasst euch von der Musik tragen. Die Probe ist einfach eine Gelegenheit, auszuprobieren, wie ihr zusammenspielt.« Er sagt sogar, er wolle uns auf der Trompete begleiten!

Wieder zu Hause, gehe ich in mein Zimmer und höre mir alle Songs auf der Liste an:

1. *Take the A Train*
2. *Caravan*
3. *There Will Never Be Another You*
4. Alles von Fela Kuti
5. Alles von Miles Davis

Beim Hören der Songs wird mir klar, dass wir keinen einzigen davon spielen können. Das schaffen wir nicht!

Ich googele gerade *Take the A Train*, als mir auffällt, dass meine Witze-Bücher wieder neben dem Mikro im Regal stehen. Skylas tolle Zeichnung sieht mich an. Mum hat sie wohl im Papierkorb liegen sehen. Ich will sie aber nicht sehen. Sie erinnern mich an mein Versagen. Schluss mit den Witzen. Das bin ich nicht mehr.

Mir wird übel, also schnappe ich mir Mikro und Bücher, wickele alles in Klopapier und versenke es im Mülleimer im Bad. Ich muss den ganzen Mist vergessen, um mich voll auf die Band konzentrieren zu können.

Zweiundzwanzig

Was erhält man, wenn man einen Hund mit einem
Taschenrechner kreuzt?
Einen Freund, auf den man zählen kann.

Noch so ein dämlicher Termin bei der Logopädin. Ich
bin echt sauer, denn heute wird in Ernährungskunde ein
Apple Crumble gebacken, und das verpasse ich. Ich finde
es sinnlos, weiter zur Sprechtherapie zu gehen, aber Mum
besteht darauf. »Wir müssen Sue die DVD zurückgeben!«,
sagt sie. Ich hätte die blöde DVD zusammen mit dem Mikro und den Büchern in die Tonne treten sollen.

In Ernährungskunde sollte ich mit Josh zusammenar-
beiten. Wir hatten das Rezept schon herausgesucht. Ich
habe ihm gesagt, dass ich zum Arzt muss, und als er wissen
wollte, wieso, habe ich etwas von Kopfschmerzen erzählt,
konnte aber spüren, wie ich dabei rot anlief. Niemand
auf der Bannerdale soll wissen, dass ich zur Sprechtherapie gehe, das wäre saupeinlich. Alle würden bloß denken:
Tja, scheint ja nicht viel zu bringen.

Während der Fahrt zu Sue sage ich keinen einzigen
Ton. Als wir auf dem Parkplatz halten, fragt Mum: »Alles
in Ordnung, mein Schatz?«

»Alle bestens! W-w-warum fragst du m-mich das ständig?«

»Na ja, früher fandest du die Termine bei Sue immer super.«

»Ich wäääre b-bloß lieber in der Schule, d-das ist alles.«

»Dann ist ja alles gut, Liebling. Mehr wollte ich gar nicht wissen. Wenn du mir nicht erzählst, was los ist, kann ich auch nicht wissen, was in dir vorgeht.« Sie sieht traurig und ratlos aus. Mit einem schlechten Gewissen entschuldige ich mich, und wir steigen aus.

Sue erwartet uns in ihrem kleinen Praxisraum mit dem Spiegel. Sie wirkt irgendwie anders. Sie trägt die Haare offen und hat rosa Lippenstift aufgelegt. Als wir uns setzen, ahne ich, dass sie uns etwas Wichtiges mitzuteilen hat.

»Ich möchte die Stunde mit einer Neuigkeit eröffnen.« Sie wirkt etwas nervös. Ich frage mich, um was es geht, und beginne sofort, im Kopf die Möglichkeiten durchzugehen.

- Hat sie herausgefunden, dass ich dem Institut für Stotterer geschrieben habe, und ist jetzt stinksauer?
- Hat sie der Polizei erzählt, dass ich mir einen »tödlichen Stromschlag« verpassen wollte?
- Hat Mr Osho angerufen, um ihr mitzuteilen, dass ich mich im Unterricht nicht oft genug mündlich beteilige?

- Weiß sie, dass ich das Mikro und die Bücher in den Müll geworfen habe?
- Will sie mir sagen, dass sich mein Stottern verschlimmert, bis ich total verstumme?

Sie legt ihre Hände auf einem Knie übereinander und fährt fort: »Ich habe meine Kündigung eingereicht und ziehe nach Cornwall. Dies ist also mein letzter Termin mit dir, Billy.« Sie lächelt mit gerunzelter Stirn und atmet laut durch die Nase aus. Da ich nicht weiß, wie ich reagieren soll, sage ich nichts. »Es hat mir wirklich Freude bereitet, dich aufwachsen zu sehen, und es war schön, dich im Laufe der Jahre immer besser kennenzulernen, Billy. Ich weiß, dass du gerade eine schwere Zeit durchmachst, und deshalb ist es wohl ein schlechter Zeitpunkt. Das tut mir sehr leid. Du bist ein bemerkenswerter junger Mann, Billy.«

Und wieder weiß ich nicht, wie ich reagieren soll. Soll ich lächeln oder nicht? Erwartet sie, dass ich weine? Ich mag Sue. Sie ist echt nett, aber weinen muss ich deswegen trotzdem nicht. Sie dagegen sieht aus, als würde sie gleich in Tränen ausbrechen. Mir wird klar, dass ich jetzt dringend etwas sagen muss, denn es war zu lange still.

»Warum z-z-ziehst du nach Cornwall?«, frage ich.

Sie lacht. »Wir wollten schon immer am Meer leben, und als sich ein Job anbot, wurde uns klar, dass wir die Gelegenheit nutzen müssen, weil wir es sonst vielleicht niemals tun würden. Wenn ich eines aus dieser Arbeit mitgenommen habe, dann die Erkenntnis, dass man auf sich hören und seinen Träumen folgen muss.«

Das sind gleich zwei Erkenntnisse, denke ich. »Muuuss ich nun zu j-j-j-j-jemand anderem gehen?«, frage ich.

»Genau das wollen wir heute besprechen.«

Dann wirkt sie wieder normal und erzählt mir von einer anderen Logopädin namens Jo, die ihre Patienten übernehmen könnte. Ich schalte ab, als sie von einem Buch erzählt, das Jo geschrieben hat, und male mir aus, wie es auf der anderen Seite des Zauberspiegels in Sues Büro aussieht. Ich stelle mir vor, dass ich Witze in mein Mikro spreche, doch es wurde auf stumm gestellt. Ich spreche durch einen Spiegel, ohne gehört zu werden. Meine Witze enden in Grabesstille. Dann dämmert mir, dass ich die Stille brechen muss.

»Ich g-g-glaube, ich brauche k-k-keine Sprechtherapie mehr«, sage ich.

Auf der Rückfahrt zur Schule meint Mum, ich könne mir die Sache ja jederzeit anders überlegen. Sie sagt das bestimmt vier Mal. Beim vierten Mal beschließe ich, mitzuzählen. Jede Wette, dass ich an Weihnachten bei fünfzehn angekommen bin. Aber ich werde mir die Sache nicht anders überlegen. Egal, wie oft sie das sagt. Ich will nicht wieder zur Therapie. Ich will diese Jo nicht kennenlernen. Die Sache wäre sinnlos, denn ich will kein Komiker mehr werden. Als Schlagzeuger darf man stottern. Ein Glück, dass Sue nach Cornwall zieht. Wahrscheinlich ist sie total angeödet, weil sie in ihrem Raum den lieben langen Tag diesen Spiegel anglotzt. Und sich fragt, ob sich jemand dahinter verbirgt. Ich hoffe, dass sie in Cornwall den ganzen Tag im Meer schwimmen kann und einen Riesenkraken sieht.

Wieder in der Schule, findet mich Josh in der Pause. Er hat etwas von dem Apple Crumble für mich aufgehoben, und ich nehme ihn nach der Schule mit ins Seniorenheim. Mrs Gibbens ist schon wieder da, und das nervt. Sie ist jedes Mal da, obwohl ich mit Großbutter allein sein will, aber Großbutter scheint nichts dagegen zu haben, dass sie ständig bei ihr rumhängt.

Als ich ihnen den Apple Crumble präsentiere, wollen beide probieren, und ich gebe Großbutter ein bisschen davon mit einem Plastiklöffel. Ich glaube, es schmeckt ihr. Mrs Gibbens mag ich nichts in den Mund schieben, aber sie nimmt mir zum Glück den Löffel ab und kostet selbst. Ich habe den Eindruck, mich um zwei winzige, faltige, alte Babys kümmern zu müssen, aber dann fühle ich mich sofort schlecht bei dem Gedanken.

Nachdem Mrs Gibbens gegangen ist, flüstert Großbutter: »Die arme Frau hat vorhin geweint.«

»Warum denn?«, frage ich, obwohl mich die Antwort nicht wirklich interessiert. Ich erschrecke immer noch, wenn ich das gespenstische Gesicht von Mrs Gibbens sehe.

»Sie hat vorher in einer kleinen Wohnung gelebt. Keine Familie, gar nichts. Mutterseelenallein, abgesehen von ihrem Struppi. Er war ihr Ein und Alles.«

»Ist Str-r-ruppi der Hund auf dem F-F-Foto, das sie bei sich hat?«, frage ich, nun doch etwas interessierter.

»Sie hat mir zig Fotos von diesem struppigen Geschöpf gezeigt. Ich glaube, dieser Hund ist wahrhaftig die Liebe ihres Lebens, Billy.«

»I-i-ist er g-gestorben?«

»Nein«, flüstert sie, beugt sich dann zu mir hin und schaut sich um, als wolle sie mir etwas streng Geheimes anvertrauen. »Das ist ja das Tragische. Hier, trink ein bisschen Saft, dann erzähle ich dir alles.« Als ich mich zurücklehne, einen kräftigen Schuss Johannisbeersirup im Glas, beginnt Großbutter zu berichten. »Also – eines Sonntagnachmittags kochte Mrs Gibbens in ihrer Wohnung eine Suppe. Struppi hatte es sich wie üblich auf ihrem Bett gemütlich gemacht, und dann – BUMM – erlitt sie aus heiterem Himmel einen schweren Herzinfarkt. Sie wurde ins Krankenhaus eingeliefert, und dort lag sie wochenlang, die arme Frau. Die Ärzte hatten sie schon aufgegeben, sie war in schlimmster Verfassung. Als sie sich doch erholte und begriff, wo sie war, erkundigte sie sich als Erstes … wonach wohl?«

»N-nach Struppi?«, frage ich.

»Ganz genau.«

»U-und was ist m-m-mit ihm p-p-passiert?« Ich will unbedingt wissen, wie es weitergeht. Großbutter weiß, wie man eine Geschichte erzählt.

Sie schweigt kurz, dann beugt sie sich wieder nach vorne. »Wie vom Erdboden verschluckt!«, flüstert sie.

»W-w-wie m-meinst du das – vom E-E-Erdboden verschluckt? Wo ist er?«

»Das weiß niemand, Billy. Er war nicht mehr in der Wohnung. Selbst wenn er noch dort gewesen wäre, hätte sie nichts davon gehabt, denn hier darf man kein Haustier halten. Aber das tröstet sie auch nicht. Ich glaube, es vergeht kein Tag, an dem sie nicht um dieses struppige Fellbündel weint. Wenn sie nicht bei mir ist, starrt sie den lieben langen Tag aus dem Fenster, weil sie hofft, ihn zu sehen. Das wird natürlich nie geschehen. Die Arme. Darum bitte ich sie so oft zu mir. Damit sie auf andere Gedanken kommt.«

»Man k-k-könnte ihn doch s-sicher aufspüren. Indem man Z-Zettel aufhängt oder so.«

»Sie zeigt hier im Heim jedem ihre Fotos und bittet uns, Ausschau nach ihrem Hund zu halten. Das ist natürlich zwecklos, denn hier sind alle halb blind oder ticken nicht mehr richtig! Wie gesagt, Billy, sie hat niemanden. Niemanden, der sich darum kümmern könnte. Traurig, oder? Da kann ich von Glück reden, dass ich dich habe. Komm, lass dich drücken.«

Während wir den Rest des Crumbles verputzen, erzähle ich, dass ich bei der Talent-Show keine Witze erzählen werde. Danach wirkt sie sehr traurig. Obwohl ich ihr sage, dass ich stattdessen Schlagzeug spielen will. Ich versuche, so aufgeregt zu klingen, als wäre das sogar noch viel besser, aber das nimmt sie mir nicht ab. Sie kennt mich zu gut. Sie weiß, wie groß mein Wunsch war, Ko-

214

miker zu werden. Ich glaube, sie hat es sich genauso sehr gewünscht.

Ich habe ein richtig schlechtes Gewissen, weil ich sie enttäuscht habe. Aber ich muss mich auf die Band konzentrieren. Wir müssen die öffentliche Probe hinter uns bringen, und danach können wir überlegen, was wir bei der Talent-Show spielen. Ich darf mich vor Ellie und allen anderen nicht blamieren. Deshalb darf ich jetzt nicht an Großbutters trauriges Gesicht denken.

Dreiundzwanzig

Warum war das Mathebuch so traurig?
Es hatte zu viele unlösbare Aufgaben.

»W-w-was interessiert dich so?«, frage ich Blakemore, als er sein Mathebuch rausholt.

»Wie meinst du das?«, knurrt er.

»Was magst du besonders? Wir k-k-könnten das in die Aufgaben einbauen, damit sie interessanter f-f-f-für dich sind.«

»Du wirst es nie schaffen, mir Mathe schmackhaft zu machen, Plimpton.«

»Los, sag's m-m-m-mir, oder ich mache e-e-es mit Einhörnern.«

»Na schön. *Minecraft*«, sagt er.

»Sonst noch etwas?«

»Nein.«

»Okay, d-d-das könnte schwierig werden, wwweil ich *Minecraft* nie gespielt habe, aber egal. Erzähl mir davon.«

»Du hast nie *Minecraft* gespielt? Du bist ja noch bekloppter, als ich dachte.«

»Ist es ein Problem, wenn jemand nicht alles so macht

wie du, William?«, fragt Mr Osho, ohne von seinem Buch aufzublicken.

»Nein, Sir«, sagt Blakemore zögernd.

Als er beginnt, von dem Spiel zu erzählen, komme ich schon bald nicht mehr mit, aber es scheint ihn richtig gepackt zu haben. Es klingt wie Lego mit ein paar Figuren, das hilft schon mal. Bausteine und Böse.

»Ich kann ü-ü-überhaupt nicht zzzeichnen«, sage ich, »d-du aber schon, also mmmusst du jetzt eine Mauer aus B-Blöcken zeichnen wie in *Minecraft*, o-okay?«

Dann erzähle ich ihm von einem ganz besonderen »geheimnisvollen Block« namens X, der mehr wert ist als jeder andere, und Blakemore meint, ich klinge wie seine Mutter, aber er hört weiter zu. Als ich sage, es gebe nur eine Möglichkeit, den genauen Wert des geheimnisvollen Blocks zu beziffern, verdreht er die Augen und fragt: »Ist das eine Rechenaufgabe?«

»Ja.«

Er kommt mit den ersten Aufgaben gut zurecht, aber sobald ich ein Y hinzufüge, läuft er wieder rot an. Ich weiß, dass er nicht mehr zuhört und abschaltet. Je schwerer die Aufgabe, desto dicker das Brett vor seinem Kopf.

Da klingelt es, und Mr Osho rettet uns. »Das habt ihr gut gemacht, Jungs. Wir sehen uns nächste Woche.«

»Sieht aus, als würdest du weiter bei der Talent-Show mitmachen, Plimpton«, sagt Blakemore, als er seinen Rucksack nimmt.

Ich lächele in mich hinein, weil ich weiß, dass ich

217

sowieso teilnehme. Er hat ja keine Ahnung! Als er den Raum verlässt, winkt er mir flüchtig, und ich sage: »Ciao K-K-Kakao.« Er lacht im Davongehen.

Als ich an Mr Osho vorbeigehe, sagt er leise: »Du bist ein erstaunlicher Junge, Billy Plimpton.«

Die Music Lounge ist bereit für den Proben-Tag. Es gibt viele unterschiedliche Instrumente. Ellie hockt mit zwei Freundinnen auf einem Sitzsack. Sie winkt mir, und ich würde gern mit ihr reden, bin aber zu schüchtern, und meine Ohren glühen, deshalb winke ich nur zurück. Skyla zieht ein komisches Gesicht, als sie sieht, dass ich Ellie winke. Als ich Skyla von der Band und der Talent-Show erzählt habe, wusste sie sofort, dass irgendetwas nicht stimmt.

»Du spielst Schlagzeug?«, fragte sie, starrte mich an und wartete auf eine Erklärung, aber als ich stumm blieb, meinte sie: »Alles klar, dann höre ich mir die Proben mal an.« Sie klang aber nicht überzeugt.

Ich kann sie kaum anschauen, weil ich nicht daran denken will, dass sie mich dabei gesehen hat, wie ich auf der Bühne meine Witze stotterte. Das war saupeinlich.

In der Music Lounge ist so viel los, dass der Raum ganz anders wirkt. Man kann alle möglichen Instrumente ausprobieren. Josh versucht sich an einem riesigen Kontrabass, ich an einem elektronischen Schlagzeug. Es wurde sogar ein Tisch aufgebaut, auf dem Teller mit Keksen stehen, und Mr Osho schenkt Saft aus. Ich habe leichte

Kopfschmerzen. Die habe ich schon, seit ich Großbutter erzählt habe, dass ich kein Komiker mehr werden will. Ich versuche, sie zu ignorieren.

Dann sollen alle etwas vorführen. Zuerst treten Zwillinge auf, von denen einer Geige spielt und der andere Handstandüberschläge nach hinten macht. Ich bin nicht sicher, ob Geige und Turnübungen so gut zusammenpassen. Außerdem finde ich das Gefiedel nicht so toll, und gegen die Kopfschmerzen hilft es auch nicht. Dann spielt ein Mädchen absolut super Klavier. Sie spielt mit geschlossenen Augen, und ihre Finger fliegen über die Tasten. Es folgt ein Jongleur, und dann sind wir an der Reihe. Wir sind die erste Band. Wir haben zweimal geprobt, aber meistens nur Quatsch gemacht, ich weiß also nicht genau, wie es laufen wird. Wir wissen nur, dass Alex meinen Rhythmus aufschnappen kann, wenn ich in einen Beat komme, und auf dem Keyboard eine Melodie dazu improvisiert, die die anderen dann auch spielen.

Mr Osho geht mit uns nach vorn. Er wirkt richtig aufgeregt, als er uns den Zuhörern vorstellt, die auf Sitzsäcken lümmeln oder Brettspiele spielen, aber ich finde, dass er etwas zu dick aufträgt. »Hochverehrte Damen und Herren, liebe Jungen und Mädchen. Wie ihr vielleicht wisst, leite ich während der Mittagspause die Music Lounge, und diese Jungs hier teilen meine Vorliebe für Jazz.«

Er gibt mir ein Zeichen, und ich setze auf dem Becken zu einem langsamen Jazz-Beat an – *ting-ting, t-ting-ting, t-ting-ting, t-ting-ting* –, während er fortfährt: »Bitte einen Applaus für *Die Stammgäste*!« Verstreuter Beifall. »Am Keybord sehen wir Alex!« Das ist alles etwas zu viel des Guten, wenn man bedenkt, dass wir nichts einstudiert haben, aber Mr Osho ist ganz aus dem Häuschen. »Und an der Gitarre – Matthew!« Ich zerbreche mir derweil den Kopf darüber, was wir spielen sollen. »Und den Box Bass zupft Josh!« Josh zappelt wie üblich herum und hat ein breites Grinsen im Gesicht. »Und am Schlagzeug – Billy Plimpton.« Mit diesen Worten gibt mir Mr Osho zu verstehen, mit etwas mehr Schmackes zu spielen, und das tue ich auch.

Brr-rum-pap, brr-rum-pap, t-ting-ting, brr-rum-pap!

Das fühlt sich gut an. Denn die Leute hören zu. Obwohl wir nicht wissen, was wir als Nächstes tun sollen. Wir haben keinen Plan. Alex dudelt kurz auf dem Keyboard. Eine Weile spielen nur er und ich. Dann höre ich, wie Josh am Box Bass mit zwei tiefen Tönen einstimmt. Nach kurzer Zeit spielen wir alle, vor uns steht Mr Osho mit seiner Trompete. Er spielt fantastisch. Unter anderem ein Solo, nur von Schlagzeug und Keyboard begleitet, und dann fallen die anderen wieder mit ein. Wir spielen einen Song! Wir tun es tatsächlich! Ich kann jeden hören und weiß, was er braucht. Es ist wie eine Unterhaltung zwischen uns allen. Komplett ohne Worte. Das Publikum habe ich bald vergessen.

Nach fünf Minuten sind wir völlig außer Puste, aber

auch sehr glücklich. Wir umarmen einander und verbeugen uns. Als ich zu Ellie und ihren Freundinnen schaue, sehe ich, dass sie auch klatschen.

Mr Osho ruft: »Applaus für *Die Stammgäste*!«

Ein guter Name für eine Band, denke ich.

Nach uns tritt ein Zauberer auf, der alle Tricks vermasselt, und danach eine Tanztruppe, die ständig aus dem Takt kommt und sich streitet, und den Schluss macht eine andere Band. Sie nennen sich *Teenplay*. Die Bandmitglieder haben damals die Lounge vorbereitet, als ich mit Ellie vorbeiging. Sie haben einen Lead-Gitarristen mit langen Haaren, die ihm schon in die Augen fallen. Ich frage mich, ob er die Saiten so überhaupt sehen kann. Er singt auch. Dann gibt es eine Bassgitarristin mit kurzen dunklen Haaren und einen Schlagzeuger mit extrem roten Wangen. Sie könnten in der Zwölften sein, aber ich bin mir nicht sicher. Sie spielen einen krachend lauten Rocksong und sind echt cool. Ellie klatscht begeistert und pfeift mit den Fingern, nachdem sie fertig sind. Ich wünschte, sie würde für mich auch so klatschen und pfeifen.

Als niemand mehr nach vorn kommen will, hält Mr Osho eine kurze Rede, in der er sagt, wie toll alle gewesen seien, und ergänzt dann: »Wie ihr gesehen habt, ist jeder willkommen. Wenn es euch gefallen hat, hier aufzutreten, und wenn ihr es noch toppen wollt – im Dezember findet der alljährliche Bannerdale-Talentwettbewerb statt.« Ich blicke zu den *Stammgästen*. Alle nicken mir zu und recken den Daumen. »Für die Musiker unter euch gibt es eine Liste mit Probenzeiten, auf der ihr euch eintragen könnt, um euren großen Auftritt zu üben!«

Während ich die Jungs betrachte, denke ich: Vielleicht ist das hier wirklich besser. Ich nehme an der Show teil und stehe auf der Bühne. Das Publikum wird jubeln. Das ist fast so gut wie mein ursprünglicher Traum, bloß ohne die Witze, aber dafür habe ich meine Freunde an meiner Seite.

Mr Osho fährt fort: »In den vergangenen Jahren haben wir so einige wunderbare musikalische Auftritte erlebt, dazu jede Menge anderer Vorstellungen. Tänzer, Zauberer, *Komiker*.« Er sieht mich an und zwinkert mir zu. »Alles, was man sich denken kann.« Bei dem Wort »Komiker« durchzuckt es mich. Ich versuche, das Gefühl zu ignorieren, und weiche seinem Blick aus. Er fährt fort: »Im letzten Jahr war sogar ein Filmteam des Lokalsenders da! Ihr kommt also vielleicht ins Fernsehen. Am meisten zählt aber, dass ihr Spaß daran habt, kreativ zu sein!«

Am nächsten Tag erzählt Mr Osho uns, es sei einer der schönsten Momente seiner Lehrerlaufbahn gewesen, uns spielen zu hören. Er wirkt richtig gerührt. Wir müssen schwören, eine Band namens *Die Stammgäste* zu gründen, und dann sagt er: »Darf ich ab und zu Trompete mit euch spielen? Und vor allem, Jungs, dürft ihr eure Wurzeln im Jazz nicht vergessen.«

Das ist also der neue Plan.

Unsere erste richtige Probe als *Die Stammgäste* macht

einen Riesenspaß. Wir treffen uns bei mir, und Dad hat jede Menge Lichterketten und Poster von Bands in der Garage aufgehängt, die er nun »das Studio« nennt. Es sieht echt gut aus. Wir machen nicht so viel Musik, weil wir zu viel lachen, denn ich ahme mal wieder Mr Randall nach, und die Jungs bekommen kaum noch Luft. Als Mum uns Snacks bringt, krümmen wir uns auf dem Fußboden. Wir brüllen vor Lachen und können nicht mehr aufhören.

Ich sage unter Tränen: »Wir fangen gleich an, v-versprochen.«

»Sei nicht albern!«, erwidert sie. »Das gehört dazu, wenn man eine Band ist. Viel Spaß.« Dann zieht sie dieses Gesicht, als müsste sie weinen.

Sie hat sich so viele Sorgen um mich gemacht. Seit der Sache mit den Batterien darf ich meine Zimmertür nicht mehr schließen. Sie holt mich sogar täglich bei Großbutter ab, um mich nach Hause zu begleiten. Keine Ahnung, was ich ihrer Meinung nach anstellen könnte. Es ist schrecklich, wenn sich jemand ständig um dich sorgt und dich überwacht. Als sie sieht, wie ich lachend auf dem Boden liege, ist sie wohl glücklich, weil ich glücklich bin. Ich kann sehen, wie sie über ihre Augen wischt, muss aber zu sehr lachen, um verlegen zu sein. Ich glaube, es wird ein Riesenspaß, als *Die Stammgäste* zu spielen.

Vielleicht soll es ja so sein. Vielleicht war ich immer auf dem Holzweg. Ich muss mein Stottern nicht loswerden. Ich musste nur kapieren, dass Comedy nichts für mich ist.

Dass ich stattdessen Schlagzeuger bin. Und weil ich mir keine Sorgen wegen meines Stotterns mehr mache, wird die Talent-Show vielleicht noch großartiger, als ich mir je erträumt habe.

Vierundzwanzig

Warum sind Fische so lausige Tennisspieler?
Sie gehen so ungern ans Netz.

Mr Osho hat uns für jeden Montag und Mittwoch die Mittagspause zum Proben reserviert. Mir wird ein bisschen schummrig, wenn ich daran denke, dass ich Ellie dann wiedersehe. Ich stelle mir vor, wie sie auf einem Sitzsack abhängt und mit den Fingern pfeift.

Nachdem ich meine Pizza rasend schnell verschlungen habe, sage ich »Tschüs« zu Skyla und eile zur Music Lounge. Wir wissen gar nicht, welchen Song wir proben wollen, aber es ist aufregend.

Wir sind fünf Minuten zu früh dran, und *Teenplay* sind noch nicht fertig mit ihrer Probe. Also bleiben wir in der Tür stehen und schauen zu.

Als sie ihren Song beendet haben, sagt der Gitarrist mit den langen Haaren: »Ihr seid die Jungs, die neulich mit Mr Osho gespielt haben, stimmt's?« Wir nicken alle, und er sieht mich an. »Du warst echt klasse am Schlagzeug, Kleiner.« Ich schüttele lachend den Kopf. Während er seine Gitarre stimmt, sagt er: »Nur noch ein Song, Jungs, dann seid ihr an der Reihe.«

Sie stimmen den Song an, den ich gehört habe, als ich nach dem Querfeldeinlauf mit Ellie durch den Flur gegangen bin. Bei der schwierigen Stelle vermasselt der Schlagzeuger den Takt. Sie probieren es noch einige Male, bis er seinen Stick schließlich hinwirft. Er wirkt richtig sauer, und seine Wangen werden noch röter. »Ich bekomme das einfach nicht hin! Am Keyboard bin ich besser.«

Der Gitarrist sieht uns entschuldigend an. »Wir legen keinen besonders guten Auftritt hin, was? Los, wir machen Schluss und packen unseren Kram zusammen.«

»Wirklich, Sam, ich will wieder Keyboard spielen«, sagt der Schlagzeuger, als er den Rucksack aufsetzt.

Der langhaarige Junge sieht mich an und fragt: »Willst du vielleicht in *unserer* Band Schlagzeug spielen, Kleiner?«

Ich weiß nicht, ob er mich auf den Arm nehmen will, doch er sieht mich weiter an und wartet offenbar auf eine Antwort.

Ich lache verlegen und schaue zu Alex, der den Blick gesenkt hat. Josh fummelt an seiner Krawatte herum, und Matthew zuckt mit den Schultern. Ich weiß nicht, was ich tun soll. Ich habe das Gefühl, in der Zwickmühle zu sitzen.

»Das würde allerdings bedeuten, dass du jeden Tag mit uns proben musst«, ergänzt der Gitarrist, während er seinen Kasten aufhebt.

Ich will schon erwidern »Nichts für ungut, aber das geht nicht«, als mich etwas bremst. Aber ich kann meine Band nicht verraten, oder? Es war immerhin meine Idee. Trotzdem kann ich nicht einfach so Nein sagen. Ich bekomme die Worte nicht über die Lippen. Ich stocke, was in diesem Fall nicht am Stottern liegt. Weder kann ich sprechen noch klar denken.

Als der langhaarige Junge in der Tür an uns vorbeigeht, meint er: »Lass es dir durch den Kopf gehen. Wäre nicht leicht, schon klar, aber wir könnten jemanden wie dich gebrauchen. Wir haben bald bezahlte Auftritte, es wäre also wie in einer *echten* Band, verstehst du?« Er schaut auf den Plan an der Wand. »Wann probt ihr das nächste Mal?«

»Am Mittwoch«, flüstere ich.

»Super, dann kannst du uns ja Bescheid geben.« Er zwinkert mir zu, zuckt gegenüber meinen Freunden entschuldigend mit den Schultern und huscht davon.

Danach fühlt sich die Probe komisch an. Die Aufregung ist verflogen, und wir fühlen uns alle etwas niedergeschlagen. Als wir zu spielen beginnen, hört es sich an, als hätten wir noch nie unsere Instrumente in der Hand gehabt. Schrecklich. Ich schaue mich nervös um und hoffe, dass niemand den furchtbaren Krach hört, den wir machen.

Nach zehn Minuten, in denen wir nichts zustande bringen und keiner etwas sagt, steht Alex auf und fragt mich: »Was meinst du, Billy? Wenn du bei den anderen mitspielen willst, wären unsere Proben sinnlos.«

»Stimmt«, ergänzt Matthew. »Wäre idiotisch, gemeinsam zu proben, wenn wir nicht wissen, ob du bleibst.«

Ich schaue zu Josh, der den Fußboden anstarrt, als

würde er am liebsten darin versinken. Das darf ich ihnen nicht antun, denke ich. Ich habe die Sache begonnen, also muss ich sie auch durchziehen, und sie sind schließlich meine Freunde. Die ersten richtigen Freunde, die ich jemals hatte.

»N-n-n-natürlich bleibe ich bei euch, Leute«, sage ich so leichthin, als hätte ich nie ernsthaft darüber nachgedacht, sie sitzen zu lassen. Doch in Wahrheit male ich mir den ganzen Tag bis abends aus, wie es wäre, Schlagzeuger bei *Teenplay* zu sein.

Am nächsten Morgen, als alle anderen schon zum Unterricht aufgebrochen sind, frage ich Mr Osho, was er tun würde.

»Mensch, das ist tatsächlich eine heikle Frage. Du bist deinen Freunden verpflichtet, das ist dir schon klar, oder? Hast du mit ihnen darüber gesprochen?«

»N-nicht wirklich. Ich habe ihnen gesagt, d-d-dass ich bleibe.«

»Und warum?«

»Ich wwwollte nicht, dass sie ssssauer auf mich sind. Sie sind meine K-Kumpel.«

»Das ist vielleicht die Antwort, die du suchst.«

»Ich weiß, a-aber ich musste ständig daran denken. Ich habe letzte Nacht g-g-geträumt, Schlagz-z-zeuger bei *Teenplay* zu sein und mit ihnen im *Wembley-Stadion* zu spielen.«

»Ha! Und nun weißt du nicht mehr, was du tun sollst? Freundschaft oder Ruhm und Reichtum.«

»So in e-etwa.«

»Wenn es mir schwerfällt, eine wichtige Entscheidung zu treffen, hilft es mir oft, mich von außen zu betrachten, so als wäre ich gar nicht beteiligt. Als würde ich über der Situation schweben oder als wäre es eine Fernsehsendung. Dann kann ich mir vorstellen, wie es wäre, die eine oder die andere Entscheidung zu treffen, welcher Mensch ich dann wäre und wie meine Geschichte aussehen würde. Verstehst du, was ich damit meine?«

»Ja, ich denke schon.«

Auf dem Weg zum Französischunterricht stelle ich mir vor, den Jungs zu erzählen, dass ich die Band verlasse, und sehe vor mir, wie traurig sie dann wären. Ich male mir aus, wie Josh weint und Alex sprachlos dasteht. Ich stelle mir vor, dass ich im Unterricht wieder allein dasitze, so einsam und allein wie früher. Dann habe ich auf einmal andere Bilder vor Augen, Bilder aus meinem Traum, ein riesiges Publikum, das klatscht und brüllt: »TEENPLAY! TEENPLAY! TEENPLAY!«

Ich weiß nicht, was ich will. Ginge nicht beides gleichzeitig? Könnte ich ein guter Freund *und* Schlagzeuger in einer anderen Band sein?

Den restlichen Tag weiche ich meinen Freunden aus. Ich befürchte, sie könnten meine Gedanken lesen und merken, dass ich überlege, sie sitzen zu lassen. Ich esse mit Skyla zu Mittag, und sie merkt, dass etwas nicht stimmt.

»Ich glaube, Billy, der Komiker, gefällt mir besser als Billy, der mies gelaunte Schlagzeuger«, sagt sie, während sie ihre Pommes isst. »Hast du heute noch vor, dich beim Essen mit mir zu unterhalten?«

»Tut mir leid, aber ich habe n-nicht immer gute L-L-Laune, okay?« Ich stehe auf, stelle mein Tablett weg und verbringe den Rest der Pause unter der Treppe, unter der ich mich oft vor Blakemore versteckt habe. Heute will ich mich vor allen verstecken. Ich weiß beim besten Willen nicht, was ich tun soll.

Kurz vor dem Mittwochmittag geht es mir noch schlechter. Ich habe meine Meinung bestimmt tausendmal geändert. Jedes Mal, wenn ich überzeugt bin, dass es richtig wäre, bei meinen Freunden zu bleiben, muss ich daran denken, wie super *Teenplay* sind. Meine Gedanken rasen und überlagern alles andere, und ich kann mich kaum konzentrieren.

Als ich im Erdkundeunterricht aus dem Fenster schaue, werde ich von Mr Grant ermahnt. »Bobby! Hörst du bitte mit der Träumerei auf?« Er hat meinen Namen immer noch nicht drauf.

Selbst im Matheunterricht bekomme ich nichts auf die Reihe.

»Das passt nicht zu dir, Billy«, sagt Mr Randall beim Anblick meines leeren Heftes. Als es zur Mittagspause klingelt, ist das fast eine Erleichterung. Insgeheim hoffe ich, die andere Band hätte vergessen, dass sie mich gefragt haben. Als wir die Music Lounge betreten und ich sehe, wie sie alles einpacken, fühle ich mich furchtbar.

Der langhaarige Junge blickt auf, winkt mir und fragt

sofort: »Na, machst du bei uns mit, Schlagzeug-Junge? Wie heißt du überhaupt?«

»B-B-B-B-Billy.«

»Okay, B-B-Billy. In welcher Band willst du spielen?« Während er das sagt, lässt der Schlagzeuger/Keyboarder die Stöcke leise über die Trommel rollen, als wollte er mich unter Druck setzen.

Alle im Raum starren mich an.

Ich schaue zu Alex, der mich anlächelt, und danach zu *Teenplay*. Mein Blick fliegt zwischen den beiden Gruppen hin und her, und ich werde panisch. Ich merke, dass Mr Osho von seinem Schreibtisch aus zuschaut.

Mit größter Mühe kratze ich ein paar Worte zusammen: »N-n-nichts für ungut, a-aber das geht nicht.«

Doch dann sehe ich Ellie, die hinten in der Music Lounge mit ein paar Zwölftklässlern plaudert. Mir fällt ein, dass sie *Teenplay* super findet. Und ich stelle mir wieder vor, wie mein Leben aussähe, wenn ich in *ihrer* Band spielen würde. Meine Gedanken werden immer lauter.

Du würdest in jeder Mittagspause mit Ellie abhängen. Die älteren Schüler würden dir zuwinken, wenn du durch die Flure gehst. Alle jubeln dir zu. Jeder weiß, wer du bist, aber nicht weil du stotterst. Blakemore würde dich nicht mehr mobben, wenn du von Zwölftklässlern umringt wärst, keiner würde dich mobben. Rock ist sowieso cooler als Jazz. Vielleicht ist das deine große Chance. Vielleicht ist das der Moment, der dein Leben verändert. Vielleicht ist das deine Bestimmung.

Und dann passiert es einfach.

»JA«, sage ich, während ich immer noch zu Ellie starre. Ich schaue wieder den langhaarigen Jungen an. »Ja, i-ich will Schlagz-z-zeuger bei *Teenplay* sein«, füge ich hinzu und versuche, Alex, Josh und Matthew nicht anzuschauen. Ich mag auch Mr Osho nicht ansehen, obwohl ich tue, was er mir geraten hat, nämlich entscheiden, welcher Mensch ich sein möchte.

Die Stimmung ist kaum auszuhalten, und nach dem längsten Schweigen meines Lebens sagt Alex: »Schon okay, Billy, ich nehme dir das nicht übel. Wir sind nicht so gut wie diese Jungs.« Doch er sieht mich bei diesen Worten nicht an und wirkt irgendwie traurig.

»Ich wollte sowieso nie bei der blöden Talent-Show mitmachen«, ergänzt Matthew und gibt mir einen halb-herzigen Klaps auf den Rücken. Josh dagegen ist richtig sauer und zeigt das im Gegensatz zu den anderen auch offen.

»Bist du dir ganz sicher, Kleiner?«, fragt der langhaa-rige Junge. »Ich will nicht für Streit zwischen Bandmit-gliedern sorgen, Bro.«

Ich könnte mich noch umentscheiden und bei den Jungs bleiben. Sie sind echt gute Freunde. Meine ersten wahren Freunde. Ich denke an die Übernachtungsparty und an das Gelächter in der Garage. Das war so lustig, und mit ihnen ist alles so einfach. Aber ein solches Angebot ist der Hammer, stimmt's? Wenn ich kein Komiker werden kann, sollte ich das Schlagzeugspielen ernst nehmen, und

Teenplay sind *echt* gut. Die Jungs kommen sicher darüber hinweg. Sie werden weiter meine Freunde sein.

»Ja«, sage ich und nicke, fühle mich aber sofort elend.

»Na super!«, ruft Josh. »Und ich dachte, wir wären Freunde, Billy! Wir haben das hier nur für dich gemacht.«

»Könnt ihr denn nicht t-t-t-trotzdem weiterspielen?«, murmele ich, obwohl ich weiß, dass eine Band ohne Schlagzeuger keine richtige Band ist.

»Du kannst mich mal, du Idiot«, sagt er und stürmt davon.

Ich habe sofort das Gefühl, einen schweren Fehler begangen zu haben. Die anderen zucken nur mit den Schultern und folgen ihm.

»Willkommen in der Band, Kleiner. Du wirst es nicht bereuen!«, sagt der langhaarige Junge, aber ich glaube, ich bereue es schon jetzt.

Josh redet seitdem kaum noch mit mir. Die anderen tun so, als wäre alles in Butter, aber das stimmt natürlich nicht. Nichts ist, wie es war. Letzte Woche wollte ich sie zum Abendessen einladen, aber sie meinten, sie hätten zu viel um die Ohren. Ich glaube *nicht*, dass sie viel um die Ohren haben.

Sie sagen Hi, und ich sitze neben ihnen, aber sie reden über Sachen, von denen ich keine Ahnung habe. Spiele, die sie in der Mittagspause spielen. Ich glaube, sie machen das mit Absicht.

Einmal, als sie über einen Vorfall in der Essensschlange

sprachen, sagte Josh zu mir: »Tja, das kannst du natürlich nicht wissen, Billy, denn du musst ja so oft mit deiner neuen Band proben.«

Josh hat wirklich sehr gerne Box Bass gespielt. Darum ist er so sauer. Wahrscheinlich hat er zum ersten Mal erlebt, dass seine Hibbeligkeit zu etwas nütze sein kann. Sie könnten natürlich auch ohne mich auftreten oder sich einen anderen Schlagzeuger suchen. Ich finde, sie stellen sich zu sehr an. Wahrscheinlich sind sie bloß neidisch. Jeder von ihnen hätte genau dasselbe getan wie ich, wenn sie die Chance gehabt hätten. Ich komme schon ohne sie klar. Oder?

So sieht mein Leben jetzt aus. Ich bin Schlagzeuger in meiner neuen Band. *Teenplay.* Okay, das ist ein etwas idiotischer Name, weil ich noch kein Teenager bin! Die anderen natürlich schon. Sie nennen die Musik, die wir spielen, »Indie«, und ich weiß nicht so recht, was das ist. Es klingt ein bisschen wie das Zeug, das Dad und ich in der Garage spielen. Bisher spielen sie nur Coversongs, aber sie wollen bald eigene Stücke schreiben.

Mein Lieblingssong ist *Mardy Bum* von den *Arctic Monkeys*. Da gibt es eine Passage, in der das Schlagzeug richtig abgeht, und das finde ich super. Die anderen meinen, ich sei »abgedreht«, was auch immer das heißt. Ich nehme an, es ist etwas Positives.

Der Sänger und Gitarrist, Sam, ist der Bandleader. Das ist der mit den langen Haaren. Er hat auch eine Freundin. Ich habe sie Händchen haltend auf dem Schulhof gesehen.

Offenbar habe ich zu sehr geglotzt, denn seine Freundin flüsterte ihm etwas ins Ohr, woraufhin er sich zu mir umdrehte und winkte. Dann mussten beide lachen.

Die Bassgitarristin, Phoebe, meint immer, sie wolle überhaupt kein Mädchen sein. Sie hat kurze schwarze Haare, und ihr Schulblazer ist viel zu groß. Sie wird von allen P. genannt.

Der Schlagzeuger mit den roten Wangen, der jetzt wieder Keyboard spielen kann, heißt Ollie. Am Keyboard ist er eindeutig besser. Ollie ist richtig nett. Er hat nur deshalb Schlagzeug gelernt, weil der frühere Schlagzeuger immer stinkwütend wurde und herumgebrüllt hat. Deshalb haben sie abgestimmt und ihn rausgeworfen.

Mum meint, seit ich bei *Teenplay* spiele, sei ich »launisch«. Sie nennt mich ihren »kleinen Brummelbären«. Ich finde es ätzend, wenn sie das sagt. Dad lacht, als wäre er ihrer Meinung. Ich bin nicht »launisch«. Sie kapieren das einfach nicht. Ich will nur nicht mehr jede Kleinigkeit von meinem Tag erzählen. Sie nennt das brummelig, aber das ist unfair. Sie findet es auch »so schade«, dass wir nicht mehr als *Die Stammgäste* spielen. »Das sind so nette Jungs.« Das macht mich echt wütend.

William Blakemore hat mich lange nicht mehr gemobbt. Heute habe ich eine riesige Tüte Lego zur Mathenachhilfe mitgenommen, und er hat ein paar *Minecraft*-Figuren besorgt, und statt Mathe zu üben, haben wir nur Blödsinn gemacht und irgendwas gebaut, aber das schien Mr Osho nicht weiter zu stören.

Ich kann nur schwer glauben, dass Blakemore nicht mehr so fies ist. Als wäre sein Verhalten bloß ein Trick, um mich zu kriegen. Ich warte immer noch darauf, dass er hinter der nächsten Tür oder im nächsten Flur über mich herfällt, und weil es noch nicht passiert ist, bin ich ganz angespannt. Wie in einem Horrorfilm – schlimmer als das eigentliche Grauen ist das Warten darauf. Ich lebe in der ständigen Erwartung eines schrecklichen Ereignisses und weiß nie genau, was als Nächstes passieren wird.

Fünfundzwanzig

»Herr Doktor, niemand nimmt mich wahr!«
»Der Nächste bitte!«

Als ich das Seniorenheim betrete, stinkt es noch schlimmer als sonst. Ich habe Ratatouille mitgebracht, die wir in Ernährungskunde zubereitet haben. Großbutter kostet für ihr Leben gern, was ich dort koche. Sie kostet das Essen jede Woche und tut dabei so, als wäre sie Jurorin in einer Koch-Show. Ihr bisheriges Lieblingsessen ist die Fischpastete. Ich habe extra drei Plastiklöffel mitgebracht, falls Mrs Gibbens auch kosten möchte, und höre einen neuen Song, den wir für die Talent-Show einstudieren wollen.

Ich ahne schon, dass etwas nicht stimmt, als ich den Kopf hebe und Mum im Flur vor Großbutters Tür mit einer Pflegerin reden sehe. Der Nachmittag ist eigentlich für mich reserviert, Mum kommt zu anderen Zeiten. Die Zeit scheint stehen zu bleiben, als ich ihre geröteten Augen und ihre tieftraurige Miene bemerke. Sie breitet ihre Arme aus.

»Dieses Mal war es ein schwerer Infarkt«, flüstert sie, als ich die Kopfhörer absetze.

Ich erstarre. Sie nimmt mich in die Arme. Während sie mich drückt, kann ich spüren, wie sie am ganzen Körper bebt. Ich weiß, dass sie nicht vor Erleichterung oder Glück weint. Dies ist ein anderes Weinen. Eines, das ich noch nie erlebt habe, ein Weinen, das ich nie vergessen werde.

Großbutter ist heute gestorben.

Sechsundzwanzig

Warum ging die Banane zum Arzt?
Sie hatte Gelbsucht.

Ich weiß noch, wie sie aussah, als sie ins Heim umzog. Verängstigt. Das Seniorenheim kam ihr vor wie ein Ort, an den man zieht, um zu sterben. Und genau das ist dann passiert. Ich hätte etwas tun müssen, als sie mich so ansah. Mich mit Blicken anflehte, ihr zu helfen. Ich hätte mich mehr ins Zeug legen müssen. Darauf drängen sollen, dass sie zu uns zieht. Hätte nicht aufgeben dürfen. Dann hätte sie vielleicht nicht so verängstigt geschaut, und dann würde sie jetzt neben mir sitzen, meine Hand drücken und zuhören, wie ich ihr vorlese. Das habe ich Mum natürlich nicht gesagt. Das behalte ich für mich.

Ich sehe Großbutter ständig vor mir. Wie sie hinter Mums Rücken eine Grimasse schnitt, als diese sich über den Höllenlärm des Schlagzeugs beschwerte. Wie sie einen Dumbo-Oktopus imitierte. Über einen meiner Witze lachte, den Kopf in den Nacken und eine Hand auf die Brust gelegt. Wenn ich daran denke, muss ich lächeln. Aber wenn ich mich beim Lächeln ertappe, habe ich ein schlechtes Gewissen. Es fühlt sich falsch an, zu lächeln und zu lachen. Heißt das, dass ich nie wieder lächeln kann?

Am nächsten Tag klopft Mum an meine Tür und setzt sich auf das Fußende meines Bettes. Ich lese in einem Sachbuch mit dem Titel *Wunder der Tierwelt*. Lesen geht in Ordnung. Es ist okay. Manches darf ich machen, anderes nicht. Es hilft mir, das zu unterteilen. Was ich darf. Ich schreibe eine Liste für meine Pinnwand. Lächeln = SCHLECHT. Lachen = SCHLECHT. Lesen = GUT.

Ich habe viel gelesen. Weil ich dann niemanden sehen und mit niemandem »reden« muss. Denn das wollen alle von mir. Darüber reden, wie ich mich fühle. Das Problem ist nur, dass ich nicht genau weiß, wie ich mich »fühle«. Ich weiß bloß, dass alles ätzend ist, und deshalb will ich nicht darüber reden.

Aber wovon ich wirklich niemandem erzählen will, das ist meine Angst, dass ich nie wieder einen Menschen finde, der mein Stottern so sehr lindert wie Großbutter. Ich kann das nicht erzählen, weil es idiotisch und egoistisch klingt. Als hätte ich Großbutter nur geliebt, weil ich in ihrer Gegenwart nicht so doll gestottert habe. Dieser Gedanke gibt mir das Gefühl, ein schlechter Mensch zu sein. Aber es stimmt ja nicht. Ganz und gar nicht. Ich habe sie aus vielen Gründen geliebt.

1. Weil sie sich immer so gefreut hat, mich zu sehen.
2. Weil sie mit mir Canasta gespielt hat.
3. Weil sie einen tollen Humor hatte.

4. Weil sie zum Takt der Musik, die sie auf ihrem Kassettenrekorder hörte, immer in die Hände geklatscht hat.
5. Weil sie *Unser Blauer Planet* noch lieber mochte als ich.
6. Weil sie manchmal ungehörige Dinge sagte.
7. Weil sie über meine Witze gelacht hat.
8. Weil sie mich so sehr geliebt hat.

Warum denke ich also ständig über mein Stottern nach? Als wäre mein Gehirn in einer Dauerschleife.

Über mein Stottern nachdenken = SCHLECHT.

Mum sitzt eine Weile auf dem Bett, während ich so tue, als wäre ich in meine Lektüre vertieft, und keinen Piep sage. Sie hat einen Schuhkarton mitgebracht. Einen Karton von *Nike*, also nehme ich an, dass sie Sneaker gekauft hat, um mich aufzumuntern. Und das klappt auch beinahe. Ich beginne, mir auszumalen, welche Farbe die Schuhe haben. Vielleicht sehen sie aus wie die von Matthew. Er hat supercoole Sneaker, die hinten hellblau sind, zur Kappe hin immer dunkelblauer werden und ein goldenes Logo haben. Bei dem Gedanken an Matthews Sneaker fühle ich mich allerdings ziemlich mies. Ich wünschte, ich könnte mich mit ihnen treffen – mit den *Stammgästen*. Ich vermisse sie schrecklich. Vor allem jetzt.

Schließlich tippt Mum behutsam auf den Karton und

sagt: »Ich bringe dir etwas von Großbutter. Dinge, die sie aufbewahrt hat. Vielleicht willst du sie ja haben.«

Daraufhin fühle ich mich richtig mies. Weil ich nur an diese idiotischen Sneaker gedacht habe!

An neue Sneaker von *Nike* denken = SCHLECHT.

Sie nimmt mich in die Arme und drückt mich so fest, dass ich fast ersticke. Ich wehre mich aber nicht, weil sie sich damit auch irgendwie selbst tröstet. Gestern habe ich sie beim Abwaschen weinen sehen. Sie hat mich nicht bemerkt. Ich bin nach unten geschlichen und habe durch den Türspalt gelinst. Tränen sind ihr über das Gesicht gelaufen, während sie aus dem Fenster starrte, die Hände im Spülwasser. Das war echt komisch, so als würde sie nicht richtig weinen, als würde sie nicht merken, dass ihre Tränen nur so flossen. Deshalb lasse ich mich von ihr umarmen, solange sie will, denn ich weiß, wie schlecht es ihr geht.

Zulassen, dass Mum mich umarmt = GUT.

Ich öffne den Schuhkarton nicht. Bei der Vorstellung, den Deckel abzunehmen, tut meine Brust so weh, dass ich kaum noch Luft kriege. Er steht in der Ecke und starrt mich an. Ich versuche, mich auf das Buch zu konzentrieren, kann die Wörter und die Bilder aber nicht mehr richtig wahrnehmen. Nicht, solange der Karton dort steht. Ich probiere es mit einem anderen Buch, doch mein Blick zuckt immer wieder zum *Nike*-Logo. Was in dem Karton wohl drin ist? Ich nehme ein Handtuch vom Fußboden und werfe es auf den Karton, aber das macht es nur schlimmer, weil der Karton jetzt viel größer aussieht. Ich schüttele den Kopf und hole tief Luft. Ich kann das Ding nicht länger ignorieren. Ich muss hineinschauen.

Er enthält jede Menge Bilder. Bilder, die ich für Großbutter gemalt habe, und Botschaften, die ich ihr geschrieben habe. Manches stammt aus der Zeit, als ich noch ganz klein war. Sie hat alles aufbewahrt.

Liebe Oma,
ich hab Dich so lieb. Du bist die beste Oma auf der Welt. Vielen Dank für das Lego. Es ist super.
Mit Liebe,
Dein Billy
(6 Jahre alt)

Das stammt aus der Zeit, als sie noch nicht Großbutter hieß. Keine Ahnung, warum ich mein Alter hingeschrieben habe, denn sie wusste ja, wie alt ich war. Stellt euch vor, wie es wäre, wenn jeder sein Alter unter Briefe und E-Mails setzen würde.

Sehr geehrter Mr Robson,

ich habe Ihren Brief mit Interesse gelesen und werde Ihnen in gebührender Zeit antworten.

Mit freundlichen Grüßen
Malcolm Miggins
(49 Jahre alt)

Da ist es schon wieder. Mein Lächeln. Das miese Gefühl. Witzige Briefe schreiben = SCHLECHT.

Der Karton enthält alle möglichen Dinge. Zeichnungen von Haien, einen Handabdruck, den ich mit zwei gemacht habe, Dankesbriefe, die Zeichnung eines Riesenkraken, ein Foto, auf dem sie mit einem Arm auf meinen Schultern vor ihrer alten Wohnung zu sehen ist. Ganz unten im Karton liegt eine kleine Flasche voller Muscheln, geschmückt mit einem weißen Band, die ich in Spanien von meinem Urlaubsgeld gekauft habe. Ich dachte, es würde ihr gefallen, ein Souvenir vom Meer in ihrer Wohnung zu haben. Ich erinnere mich noch daran, wie ich ihr das Fläschchen gegeben habe. Eine Träne lief ihr über die Wange, und sie meinte, sie wolle es »für immer in Ehren halten«.

Ich will diese Dinge nicht haben. Kein einziges. Sie gehören mir nicht. Sie sollten nicht in meinem Zimmer sein. Sie gehören mir nicht! Sie haben ihr gehört. Sie sollten bei ihr sein.

Ich lege alles wieder in den Karton und umwickele ihn mit Paketband, bis die Rolle leer ist. Ich weiß nicht, was ich mit dem Karton machen soll, aber ich will ihn nicht mehr sehen. Ich werde panisch, und es schnürt mir die Brust zu, also reiße ich den Kleiderschrank auf, stelle den Karton ganz nach hinten und werfe meine Winterjacken darauf. Dann knalle ich die Tür schnell zu, als wäre ein Gespenst im Schrank. Ich sacke auf mein Bett, atme durch die Nase ein und durch den Mund wieder aus, wie

Sue es mir immer geraten hat. Mein Herz hämmert wie verrückt. Ohne Großbutter wird nichts mehr so sein, wie es war. Warum musste sie sterben?

Da entdecke ich ein Foto auf dem Fußboden. Es muss aus dem Karton gefallen sein. Es ist die verblasste Aufnahme eines kleinen Hundes mit struppigem schwarzem Fell und hechelnder Zunge, der zur Kamera aufblickt. Als ich das Foto umdrehe, steht in winziger, krakeliger Handschrift auf der Rückseite: *Mein geliebter Struppi.* Mrs Gibbens scheint Großbutter das Foto geschenkt zu haben. Keine Ahnung, wieso Mum es in den Karton getan hat.

Ich hefte das Foto behutsam an meine Pinnwand und betrachte es lange, wobei mir einfällt, was Großbutter gesagt hat: »Sie hat niemanden. Niemanden, der sich kümmern könnte.« Dann stelle ich mir Großbutters Gesicht vor und fühle mich mies, weil ich an den blöden Struppi gedacht habe.

An süße Hunde denken = SCHLECHT.

Ich habe meinen Kleiderschrank schon drei Tage nicht mehr geöffnet, weil ich den Karton nicht sehen will.

Mum fragt, warum ich immer dasselbe anziehe. »Los, zieh dich um. Du bist zu alt, um jeden Tag in denselben Klamotten rumzulaufen. Du fängst noch an zu stinken!«

Ich kann ihr schlecht die Wahrheit sagen, also gehe ich nach oben, öffne die Schranktür ein kleines bisschen, schiebe einen Arm hinein und schnappe mir das Erstbeste, was ich ertaste.

Mum ist etwas verdutzt, als ich in dem Pullover wiederkomme, den ich letztes Jahr zu Weihnachten bekommen habe, aber sie verkneift sich eine Bemerkung.

Morgen muss ich wieder zur Schule. Mum hat mir erlaubt, am Donnerstag und Freitag zu Hause zu bleiben, meint aber: »Du musst in die Normalität zurückkehren, das wird dir helfen.«

Ich weiß nicht, ob ich das schaffe, denn alles ist so anders. Ich fühle mich so anders. Ich will mich nur noch vor allem und jedem verstecken.

Siebenundzwanzig

Ein Mädchen warf eine Avocado nach mir.
Sie war nicht gerade reif.

Ein schlimmes Ereignis scheint andere schlimme Ereignisse nach sich zu ziehen. Sogar das Wetter scheint zu merken, wie ich mich fühle, und legt es darauf an, die Sache weiter zu verschlimmern. Der Himmel ist schwarz, und es schüttet seit fünf Tagen. Ich habe das Gefühl, nicht ich selbst zu sein. Ich laufe allein in der Schule herum und fühle so gut wie nichts. Wie ein Zombie.

Im Englischunterricht muss ich laut vorlesen. Mrs Timpson, die Lehrerin, lässt uns immer laut vorlesen, wenn wir ein neues Buch beginnen. Wir lesen *Große Erwartungen* von Charles Dickens. Ein dicker Schinken mit über vierhundert Seiten. Es geht um einen Jungen, der nach London will, um dort ein neues Leben zu beginnen. Ich wünschte, dass ich auch nach London ziehen und ein neues Leben beginnen könnte.

Mrs Timpson hat mich noch nie aufgerufen, was ich ihr hoch angerechnet habe. Heute scheint sie aber genauso schlecht drauf zu sein wie ich. Vielleicht habe ich sie ja angesteckt.

Anfangs klappt es ganz gut, aber dann bleibe ich an dem Namen »Pip« hängen.

»P-P-P-P-P-P-P-P-P-P-P-P-P-P-P-P-P-P-P…«

Und dann blockiere ich total. Eine Blockade bedeutet, dass ich keinen Ton mehr herausbringe. Als wäre ich in einer Falle stecken geblieben, die sich immer fester schließt, je mehr ich mich dagegen wehre. Ich kneife unwillkürlich die Augen zu und schiebe den Unterkiefer nach vorn. Es ist, als hätte ich mich nicht mehr unter Kontrolle. Schließlich überspringe ich den Namen und fahre mit dem nächsten Wort fort.

Die Hauptperson heißt Pip, deshalb ist Ärger vorprogrammiert. Jedes Mal, wenn das Wort näher rückt, wird die Sache schlimmer.

»Ich nannte mich also P-P-P-P-P-P-P-P-P-P-P-P-P-P-P-P-P-Piiip und war alsbald auch als P-P-P-P-P-P-P-P-P-P-P-P-P-P-P-P-Piiip bekannt.«

Alle fangen an zu kichern. Ich merke, wie sie Ausschau nach dem nächsten »Pip« halten.

Mrs Timpson tut so, als würde sie das Lachen nicht hören, und lässt mich eine Ewigkeit weiterlesen. Alex, Josh und Matthew senken den Kopf, um mich nicht anschauen zu müssen. Skyla schaut mich mit einem betrübten Lächeln an und wartet ab. Es ist furchtbar. Ich will nur noch nach Hause. Nach Hause gehen und sie alle niemals wiedersehen.

Hinterher drängen sich die Mädchen tuschelnd im Flur. Ich nehme an, sie reden über mich, und dann tut Kai

Daniels so, als würde er mit mir zusammenstoßen, und sagt: »Entschuldige, P-P-Pip.« Alle Mädchen lachen.

Einige nennen mich von da an nur noch Pip. Sogar ein paar Mädchen. Im Kunstunterricht will sich Sophie einen Radiergummi leihen, und als ich ihr einen gebe, sagt sie: »Danke, Pip.« Danach grinst sie, als wäre es das Witzigste überhaupt.

Mir war nicht klar, dass alles noch schlimmer kommen kann. Ich muss auf einmal an Sue denken und frage mich, ob sie gerade am Strand ist.

Am Mittwoch scheint Blakemore noch schlechter in Mathe zu sein als sonst. Ich habe ihm eine Frage gestellt, die er letzte Woche beantworten konnte, aber jetzt steht er auf dem Schlauch. Das nervt. Ich kann ihm nichts Neues beibringen, weil er von einer Woche auf die andere alles vergisst. Ich bin froh, dass ich nicht sein Gehirn habe, denn das muss total frustrierend sein.

Als ich ihm das sage, knallt er sein Buch auf den Tisch und sagt: »Tja, und ich bin froh, dass ich nicht *dein* Gehirn habe, P-P-Pip.«

Er stürmt aus dem Raum, und ich bekomme ein schlechtes Gewissen.

Mr Osho hält beim Korrigieren inne. »Was ist denn los, Billy? Bisher habt ihr euch doch ganz gut verstanden.«

Blakemore hat mich in letzter Zeit in Ruhe gelassen. Mir fällt auf, dass er nicht mal gelacht hat, als ich beim Lesen stecken blieb. Wenn überhaupt, dann wirkte er ein bisschen sauer.

249

»Ich w-w-weiß nicht, wieso ich das gesagt habe, Sir«, erwidere ich.

»Was hast du denn gesagt, Billy?«

»D-d-dass ich nicht sein Gehirn haben m-möchte.«

»Ah, verstehe.«

»Ich w-w-weiß nicht, was mit mir l-l-los ist, Sir. Ich bringe alle gegen mich auf.«

»Das ist untypisch für dich, Billy, stimmt's?«

Ich nicke und schaue auf meine Hände.

Mr Osho fährt fort: »Wenn uns etwas zu viel wird, lassen wir das manchmal an den Menschen aus, die uns am nächsten stehen. Das tut jeder, Billy, und meist nicht mit Absicht. Was zählt, ist, was du ab jetzt tust.«

»I-ich weiß aber nicht, was ich t-tun soll. Ich weiß nnnie, was ich t-tun soll«, schluchze ich in meine Hände.

»Du musstest so einiges einstecken, mein Junge. Sei nicht zu streng mit dir.«

»Ich mache nichts rrrichtig.«

»Du kommst wieder in die richtige Spur, ganz sicher. Manchmal dauert es ein bisschen«, sagt er, und während ich dasitze und mich frage, was die richtige Spur ist und ob ich jemals wieder glücklich sein werde, klingelt es, und die Schüler strömen in das Klassenzimmer. Also wische ich mir über die Augen und breche zum Französisch-unterricht auf.

Ich überlege, ob ich mich bei Blakemore entschuldigen soll, doch er ignoriert mich, und deshalb gehe ich an seinem Tisch vorbei. Vielleicht muss ich mich gar nicht

250

entschuldigen. Nach allem, was er mir angetan hat, bin ich ganz bestimmt nicht derjenige, der sich entschuldigen sollte, oder?

In der Mittagspause streiten sich die Bandmitglieder. Als Sam zur Probe erscheint, hat er grottenschlechte Laune und spielt unter aller Sau. Dann vergisst er auch noch seinen Text und brüllt: »Ich will nicht mehr in dieser blöden Band spielen. Wozu das Ganze?«

Ollie reizt ihn noch weiter. »Mach mal halblang, Mann, ich weiß, dass Tia sich von dir getrennt hat, aber lass das bitte nicht an uns aus!« Er grinst.

Da wird Sam richtig wütend. »Damit hat das nichts zu tun! Du hast ja gar keine Ahnung. Diese Band ist Mist. Wir sind nicht mal ansatzweise bereit für die Show. Schau uns doch an. Eine Versagerin, die Bass spielt, und am Schlagzeug ein kleiner Hosenscheißer, der nicht mal richtig sprechen kann. Wir sollten uns in *Die Freak Show* umbenennen.«

Bislang hat kein Bandmitglied je mein Stottern angesprochen, also habe ich mir eingebildet, sie hätten es nicht bemerkt. Darum bin ich ja Schlagzeuger – damit ich nicht auffalle.

Ich werde rot und versuche, mein Gesicht zu verbergen, indem ich den Blick auf die Stöcke senke. Ich kann spüren, wie sich in meinem Bauch etwas zusammenbraut. P. sieht auch zu Boden. Aber Ollie ist auf einmal stinksauer.

»Was soll der Quatsch, Sam? Du ziehst alle runter.

Schau sie dir doch an«, sagt er und zeigt auf P. und mich. »Hau ab und krieg dich erst mal wieder ein.«

Sam schnappt sich seine Gitarre und stürmt aus dem Raum.

Als sich die Tür schließt, sehe ich, wie jemand durch das kleine, runde Fenster schaut. Ich brauche eine Weile, um zu erkennen, wer es ist. Ellie! Warum kommt sie ausgerechnet jetzt?! Warum nicht zu einer anderen Probe? Das ist so unfair. Ich würde am liebsten alles rückgängig machen. So sollte es nicht sein. So war das nicht geplant. Als ich wieder zum Fenster schaue, ist sie weg.

Ollie meint, wir sollten uns keine Sorgen machen. Er sagt, in ein paar Tagen sei Sam darüber hinweg, aber das nützt uns jetzt nichts. Das Grummeln in meinem Bauch ist inzwischen in meine Brust gewandert, die sich ganz zugeschnürt anfühlt. Ich kann kaum noch atmen und habe das Gefühl, zerdrückt zu werden. Mir ist kotzübel. Und dann bricht es plötzlich aus mir heraus. Ich erbreche mich auf das Schlagzeug und meine Stöcke und meine Schuluniform und alles.

Ollie ruft: »O Gott!«, und P. weicht angeekelt zurück.

Ein paar Schüler, die auf den Sitzsäcken abhängen, rufen: »Bäh, Pip hat gekotzt!« Dann tun sie so, als müssten sie röcheln.

Ich werfe meine Stöcke weg und renne los. Durch den Flur, vorbei an Ellie und ihren Freundinnen und zur Tür hinaus. Ich renne, bis ich außer Puste bin und vor den Tennisplätzen ins Gras kippe.

»Ich hasse es!«, schreie ich in den Wind und den Regen. »Ich w-w-w-will nicht mehr sein, wer ich b-bin. Ich will nicht mehr B-B-Billy Plllimpton sein.« Das wiederhole ich unablässig. »Ich will nicht mehr Billy Plimpton sein.« Bis ich eine Hand auf dem Rücken spüre.

Es ist Ellie.

Sie setzt sich neben mich ins nasse Gras und schweigt. Schließlich wische ich mein Gesicht ab und setze mich hin, und dann starren wir eine gefühlte Ewigkeit die Tennisplätze an.

»Manchmal ist alles Mist, oder?«, meint sie.

Ich nicke nur und wische mir mit einem eingesauten Ärmel die Nase ab. Mir ist es egal, dass sie mich so sieht. Mir ist alles egal.

»Mein Dad sagt immer: ›Wenn man mit erhobenem Haupt weiter einen Fuß vor den anderen setzt, sieht man irgendwann alles anders.‹« Dann legt sie einen Arm um meine Schultern und lehnt ihren Kopf gegen meinen, und ich kann spüren, dass ich beginne, die Sache ein kleines bisschen anders zu sehen.

Achtundzwanzig

Neulich im Tierheim:
»Ich möchte meinen Dackel besuchen.«
Pflegerin: »Tut mir leid, hier kommen Sie nur noch mit
Hundschutz rein.«

Ich habe es gemacht, wie Ellies Vater es gesagt hat. Ich habe einen Fuß vor den anderen gesetzt, und nun stehe ich an diesem Punkt. So sieht es aus.

Ollie hatte recht. Zwei Tage später kam Sam zurück, und nun üben wir wieder. Aber irgendetwas stimmt nicht. Wir sind nicht mehr so locker wie vorher. P. denkt das auch, das kann ich ihr ansehen. Sie wirkt noch verlegener als sonst. Ich vermisse es sehr, mit Alex, Josh und Matthew Brettspiele zu spielen. Sie heben manchmal den Kopf, wenn wir proben, sehen aber sofort weg, wenn ich zu ihnen schaue. Sogar Skyla scheint nicht mehr so oft mit mir zu quatschen. Als sie erfahren hat, dass ich *Die Stammgäste* im Stich gelassen habe, meinte sie nur: »Wow, das hätte ich nicht von dir gedacht.«

»Tja, vielleicht will ich mich v-v-v-verändern«, habe ich gesagt.

»Du hast dich sowieso verändert, Billy. Du hast mir seit

Wochen keinen Witz mehr erzählt. Geht es dir wirklich gut?«

»Ja, klar. Ich bin jetzt bei *T-T-T-Teenplay*!«

»Okay«, sagte sie und ging davon.

Inzwischen fühle ich mich ständig einsam, obwohl ich die Band habe. Und ich vermisse Großbutter schrecklich. Ich habe oft ein komisches Gefühl im Magen und außerdem Angst, mich wieder übergeben zu müssen. Aber ich gebe mir große Mühe, das Gefühl zu ignorieren, und versuche, erhobenen Hauptes einen Fuß vor den anderen zu setzen.

Nach der Schule beschließe ich, im Seniorenheim vorbeizuschauen. Ich weiß selbst nicht, wieso. Vielleicht hoffe ich, wieder ein Gefühl von Großbutters Nähe zu bekommen. Mich nicht mehr ganz so einsam zu fühlen. Während ich die roten Backsteinmauern und den gepflegten Rasen betrachte, sehe ich, wie mir jemand in einem Erdgeschossfenster winkt. Für den Bruchteil einer Sekunde bilde ich mir ein, es wäre Großbutter, aber als ich noch mal hinschaue, erkenne ich Mrs Gibbens. Sie freut sich offenbar, mich zu sehen, und ich weiß, dass sie wieder den ganzen Tag am Fenster gesessen hat. In der Hoffnung, ihren Struppi zu sehen, wie Großbutter meinte. Als ich ihr winke, sehe ich Struppi auf dem Foto an meiner Pinnwand vor mir, und ich gehe zu ihrem Fenster. Als ich dort ankomme, hat sie es gerade mühsam geöffnet und reckt mir einen hageren Arm entgegen.

»Billy! Mein armer Junge«, sagt sie, als sie meine Hand

ergreift. »Wir vermissen sie alle so sehr.« Sie hat auf einmal Tränen in den Augen. »Du armer, armer Junge. Ich weiß, was es heißt, jemanden zu verlieren, Billy. Das ist unfair, oder?«

»J-j-ja, das ist u-u-unfair«, antworte ich und kämpfe gegen den Kloß in meinem Hals.

»Außer Struppi stand mir niemand so nahe wie sie. Sie war eine wirklich wunderbare Frau, so gütig. Du kannst mich jederzeit besuchen, Billy. Das würde mich sehr freuen.«

Auf einmal weiß ich ganz genau, was ich tun muss.

Ich verspreche Mrs Gibbens, sie wieder zu besuchen, und renne los. Ich rase nach Hause und eile sofort nach oben in mein Zimmer.

»Was rennst du denn so, Billy? So schnell hast du dich ja seit Wochen nicht bewegt«, sagt Mum, als ich mit dem Foto in der Hand wieder nach unten laufe.

»Ich m-muss diesen H-H-Hund finden«, sage ich atemlos.

»Wie meinst du das? Wessen Hund?«

»Egal. Was muss man machen, wenn man einen vermissten Hund sucht?«

»Du schleppst auf keinen Fall einen Hund an, Billy. Wir haben schon mal darüber gesprochen, das kommt nicht in die Tüte …«

Den Rest bekomme ich nicht mehr mit, denn ich schnappe mir den Rucksack und spurte zur Tür hinaus.

Auf dem Weg zur Bücherei überlege ich, Skyla um

256

Hilfe zu bitten, aber sie ist wohl nicht mehr meine Freundin, und deshalb beschließe ich, die Sache allein durchzuziehen. In der Bücherei angekommen, frage ich, ob ich den Kopierer benutzen darf, und ein Mann mit Glatze erscheint, um mir zu helfen. Ich habe nur ein Pfund im Portemonnaie, kann also nicht sehr viele Kopien machen, aber es ist immerhin ein Anfang.

»Na, was wollen wir denn heute kopieren?«, fragt er. Als ich ihm das Foto reiche, meint er: »Das ist ja ein Süßer! Das Bild ist aber so dunkel und verblichen, dass die Kopie sicher nicht gut wird. Sollen wir es mal ausprobieren?«

Ich nicke und schaue zu, wie das Licht aufblitzt und über das Foto gleitet. Die Kopie, die ausgespuckt wird, ist nutzlos, denn Struppi ist nicht zu erkennen, man sieht nur einen struppigen dunklen Fleck. Es ist hoffnungslos.

»Keine Sorge, junger Mann, uns fällt schon noch was ein. Wozu brauchst du die Kopie?«

»Die F-F-F-F-Freundin meiner G-G-G-Großmutter hat ihren Hund verloren.«

»Ach … und du willst versuchen, ihn wiederzufinden?«

»Ja. Ich w-w-w-w-will ein P-P-Plakat machen.«

»Hast du es schon beim Tierschutzverein oder in den Tierheimen versucht?«

»Nein«, sage ich und horche auf.

»Na, dann solltest du sie googeln und anrufen. In der Nähe gibt es ein Tierheim namens *Millbrook*, aber es ist sicher nicht das einzige. Du wirst den Hund bestimmt finden. Viel Glück!«

Ich erstelle eine Liste mit sieben Einrichtungen, die ich anrufen kann. Ich will gerade mit dem Tierschutzverein beginnen, aber als ich das Handy aus dem Rucksack hole, halte ich inne und überlege, ob ich lieber eine E-Mail schreiben soll. Telefonieren ist immer noch mein Albtraum Nummer eins! Andererseits kann es Wochen dauern, bis sie antworten, und so viel Zeit habe ich nicht. Ich muss sofort mit jemandem sprechen.

»H-h-h-hallo, ich s-s-s-s-suche einen vermissten H-H-H-H-H-H-H-Hund«, beginne ich.

Schließlich, nach dem längsten Telefonat, das je geführt wurde, beende ich das Gespräch. Kein Struppi. Als ich die Nummer sechs auf der Liste erreiche, glaube ich schon nicht mehr daran, Struppi zu finden, aber das Telefonieren fällt mir verrückterweise mit jedem Mal leichter.

»Hunde-und-Katzen-Heim *Millbrook*, guten Tag«, meldet sich eine unfassbar vergnügte Stimme.

»H-hallo, ich s-suche einen v-vermissten H-Hund«, sage ich.

»Seit wann wird er vermisst?«, fragt die Stimme, nun besorgt.

Zehn Minuten später renne ich zum Hunde-und-Katzen-Heim *Millbrook*, das Foto in der Hand. Die Frau meinte, vor einigen Monaten sei ein Hund gebracht worden, auf den die Beschreibung passe.

»Bring das Foto mit, dann schauen wir mal.«

»Okay«, erwidere ich. »B-bin schon unterwegs.«

»Wir schließen in einer halben Stunde, du musst dich also beeilen.«

Ich verlaufe mich und renne zweimal um den Block, bis ich das Schild mit dem Bild eines Hundes und einer Katze entdecke. Als ich zur Tür hineinstürme, will man gerade schließen, und ich bin verschwitzt und außer Atem.

»Gerade noch rechtzeitig!«, sagt die vergnügte Stimme, die ich am Telefon gehört habe, und ich erblicke eine Frau mit dicker Brille und einem kunterbunten Kopftuch, die mich anlächelt. Als ich ihr das Foto zeige, muss sie grinsen und sagt: »Ja, das ist er, und er war ein ganz Süßer.«

»War?«, frage ich.

»Ja«, sagt sie und schaut mich bekümmert durch die Brille an.

O nein, denke ich, er darf nicht tot sein, was soll ich denn Mrs Gibbens sagen?

Dann fährt sie fort: »Wir behalten die Hunde vier Wochen bei uns, falls sie von ihren Haltern gesucht werden, und danach geben wir sie für Interessenten frei. In diesem Fall haben wir im Handumdrehen ein neues Zuhause für ihn gefunden. Er ist wirklich ein ganz Süßer, und wir haben ihm nachgetrauert.«

»A-aber was ist mit Mrs G-Gibbens?«, sage ich. »Sie vermisst ihn so s-s-s-sehr.«

»Mrs Gibbens ist die Freundin deiner Oma, ja?«

Ich nicke und überlege, was ich tun soll. Was habe ich mir nur dabei gedacht? Sie darf im Heim sowieso kein

259

Tier halten. Das ist nicht erlaubt, und die neuen Halter wollen ihn sicher nicht hergeben. Ich komme mir plötzlich kindisch und dumm vor, weil ich die Sache nicht gründlich durchdacht habe.

»Wie wäre es, wenn ich Saft und Kekse hole? Dann kannst du mir alles erzählen, und wir schmieden einen Plan. Wie klingt das?«

Ich nicke und versuche zu lächeln.

»Ich heiße Patsy Arnold«, sagt sie und hält mir die Hand hin.

»Und i-ich heiße B-Billy Plimpton«, erwidere ich, als ich sie ergreife.

Neunundzwanzig

Welche Hunde nehmen an der Weltmeisterschaft teil?
Boxer.

Gestern kam das Programm des Bannerdale-Talentwettbewerbs. Es wurde an die Pinnwand vor der Mensa gehängt. Wir sind zum Schluss dran, nach Molly Hollwell. Sie hat mit mir Ernährungskunde. Sie ist klein, und ihre Haare sind so lang, dass sie darauf sitzen könnte. Bei der Talent-Show wird sie mit ihrem Hund tanzen. Weitere Bands gibt es nicht, nur Leute, die Karaoke singen, was ich dämlich finde. Es gibt viele Tänzer, einen Zauberer und einen Schlangenmenschen. Keine Komiker. Das habe ich überprüft. Als einzige Band werden wir sicher Eindruck machen.

Auf dem Weg zur letzten Probe sehe ich Ellie. Sie kommt im Flur auf mich zu. Ich will kehrtmachen und wegrennen, aber sie winkt mir. Seit wir nach meinem Kotzanfall an den Tennisplätzen gesessen haben, habe ich sie nicht mehr gesehen.

»Hi, Billy! Dich habe ich gesucht.«

»A-a-ach ja?«

»Ja. Ich habe das Programm der Talent-Show gesehen,

und ihr tretet auf, stimmt's? Ich wollte dir nur viel Erfolg wünschen.«

»Oh, wow. Danke.«

»Viel Erfolg!« Sie winkt mir kurz, dann geht sie mit federnden roten Haaren weiter.

Die ganze Schule wird die Show besuchen, und alle werden immer aufgeregter und reden über nichts anderes. Unfassbar, dass es morgen schon so weit ist. Es wird eine Losbude für die Tombola geben und Weihnachts-Crêpes mit Limone, Zucker und Gewürznelken. Die Kunstlehrer steuern einen sternenübersäten, riesigen Hintergrund bei. Die Lokalnachrichten wollen die Show auch in diesem Jahr filmen, und Dad ist der Kameramann!

Wir haben ausgemacht, dass jedes Bandmitglied einen Weihnachtspullover tragen wird. Deshalb gehe ich gemeinsam mit Mum und Chloe nach der Schule einkaufen. Wir kaufen jedes Jahr einen Pullover, das ist schon fast Tradition. Mum will mir einen idiotischen Strickpullover mit Weihnachtsbaum und Pompons darauf andrehen, aber diesmal sage ich »Nie und nimmer«. Ein Pompon rockt nicht. Ich entscheide mich stattdessen für einen schwarzen Pullover mit einem silbernen T-Rex, der eine rote Weihnachtsmütze aufhat. Chloe sucht sich einen rosa Pullover mit einem Rentier aus. Ich finde, Rosa ist keine weihnachtliche Farbe, aber Chloe will nicht auf mich hören. Sie sagt so lange, ich solle still sein, bis Mum ihren verärgerten Flüsterton aktiviert: »Schwarz genauso wenig, Billy! Lass deine Schwester in Ruhe.«

Danach trinken wir heiße Schokolade, und Mum fragt, ob wir uns den Weihnachtsmann in der Grotte anschauen wollen. Ich habe keine Lust, aber Chloe will unbedingt, also muss ich mich eine halbe Stunde anstellen, um dann ein paar bedauernswerte Elfen und einen Pseudo-Weihnachtsmann in einem winzigen, mit Wattebäuschen geschmückten Raum zu treffen. Er will wissen, was wir uns zu Weihnachten wünschen, und Chloe antwortet, sie wolle ein Pony, was sonst. Seit sie drei ist, wünscht sie sich jedes Jahr ein Pony. Sie kapiert einfach nicht, dass dieser Wunsch nie und nimmer in Erfüllung geht.

Als er mich fragt: »Und du, junger Mann? Was steht auf deinem Wunschzettel?«, würde ich am liebsten sagen, dass ich schon zu groß bin und eigentlich nur wegen meiner Schwester mitgekommen bin, aber das kommt mir unhöflich vor, deshalb sage ich, ich wolle einen Plattenspieler und ein paar LPs.

Er meint: »Wow, das hat sich noch keiner gewünscht! Du bist ja ein cooler kleiner Kerl. Ich werde zusehen, dass ich dir das besorgen kann!«

Er klingt überhaupt nicht wie der Weihnachtsmann, denn er spricht mit schottischem Akzent, und unter dem weiten roten Ärmel kann ich ein Tattoo auf seinem Arm sehen, aber das ist mir egal.

Auf der Rückfahrt im Van flüstert Mum: »Danke, dass du uns in die Grotte begleitet hast. Ich weiß, dass du zu alt dafür bist.«

»Schon gut, Mum. Ich fffand es gar nicht so ü-übel.«

263

Und das stimmt sogar. Es war schön, mit Mum und Chloe unterwegs zu sein. Das Gleiche zu machen wie jedes Jahr. Das gibt mir ein Gefühl der Geborgenheit, als würde alles immer beim Alten bleiben. Dann klingelt mein Handy, und ich sehe, dass die Nummer von *Millbrook* angezeigt wird.

»Hi, P-Patsy«, sage ich leise, damit Mum und Cloe nichts mitbekommen, aber sie sehen mich komisch an. Als Patsy erzählt, alles sei organisiert und laufe nach Plan, flüstere ich: »Fantastisch. Bis gleich.«

Zwei Stunden später stehe ich an der Ecke des Seniorenheims *The Oaks* und hüpfe auf der Stelle, um nicht zu frieren. Ich bin etwas früher gekommen, um zu sehen, ob Mrs Gibbens wie üblich aus dem Fenster schaut. Als ich um die Hecke luge, kann ich ihr trauriges Gesicht erkennen. Ich bin aufgeregt. Es fühlt sich toll an, etwas zu tun, das sie glücklich machen wird. Ich kann ein Hecheln hören, als Patsy und Struppi auf der Straße auf mich zukommen. Struppi zerrt an der Leine, um meine Beine zu beschnüffeln und seinen struppigen kleinen Körper an mir zu reiben.

»Hallo, Struppi!«, sage ich, und als er mit seinem lustigen Quetschgesicht zu mir aufblickt, weiß ich sofort, warum Mrs Gibbens ihn so sehr liebt. »Hallo, a-alter Bursche. Du wwwirst gleich jemanden g-glücklich machen. Ja, bestimmt!«

»Ich habe ja gesagt, er ist ein ganz Lieber!«, sagt Patsy lachend, als Struppi mein Gesicht abzuschlecken beginnt.

»Die Besitzer würden dir den Hund jeden Donnerstag um diese Zeit überlassen. Passt dir das?«

»Ja, auf jeden Fall«, sage ich.

»Wunderbar. Sie brauchen sowieso jemanden, der eine Runde mit ihm dreht, und als ich ihnen die Geschichte erzählt habe, hat sie ihnen fast das Herz gebrochen. Hoffen wir also mal, dass alle glücklich und zufrieden sind. Du auch, Mister Struppi«, sagt sie und krault seinen Nacken.

»Und? Ist sie da?«

»Ja, sie i-ist da. Gehen wir!« Patsy gibt mir die Leine.

Als Mrs Gibbens uns erblickt, hoffe ich inständig, dass sie keinen weiteren Herzinfarkt erleidet. Sie presst ihre Hände an die Scheibe, und ich kann sehen, dass sie immer wieder den Namen »Struppi« haucht, während Tränen über ihre runzeligen Wangen laufen. Sie verschwindet vom Fenster, und wir gehen zum Eingang, denn sie ist sicher schon dorthin unterwegs.

Struppi dreht total durch, als er sie sieht, und zerrt so wild an der Leine, dass sie mir aus der Hand rutscht, und dann flitzt er zur Tür hinein und zur Rezeption. Am Ende liegt Mrs Gibbens auf dem Boden und kichert wie ein kleines Mädchen, während Struppi auf ihrem Bauch sitzt und ihr das Make-up aus dem Gesicht schleckt.

»Wie soll ich je wieder auf die Beine kommen, Billy? Es fällt mir ja schon schwer genug, vom Sofa aufzustehen!«

Als wir ihr von dem Plan erzählen, dass sie Struppi jede Woche sehen kann, ergreift sie meine Hand und sagt: »Billy, deine Oma hat immer wieder gesagt, dass du ein erstaunlicher Junge bist. Ich wünschte, sie könnte dies miterleben, wirklich, das wünschte ich so sehr.«

»Ich auch«, sage ich.

Während ich Mrs Gibbens betrachte, die auf dem Fußboden sitzt und das struppige Fell von Struppi streichelt, frage ich mich, wie ich jemals Angst vor ihr haben konnte.

»Weißt du, was? Wenn ich dich und dieses Fellbündel tatsächlich einmal pro Woche sehe, wird das mein Leben verändern, ganz bestimmt. Ich bin dir ja so dankbar.« Sie nimmt meine Hände, gibt Struppi einen Kuss nach dem anderen und sagt immer und immer wieder: »Danke, danke, danke.«

Während wir dasitzen, halte ich ihre faltige Hand, und als ich zur lächelnden Patsy aufschaue, geht es mir zum ersten Mal seit langer Zeit richtig gut.

Dreißig

Ich habe einen Song über eine Tortilla geschrieben.
Na ja, eigentlich ist es eher ein Rap.

Wir wollen zwei Songs spielen. *Mardy Bum* und einen, den wir gerade erst einstudiert haben, *Smells Like Teen Spirit* von *Nirvana*. Sam hat ihn ausgesucht, weil er meinte, er würde gut zu unserem Namen passen, *Teenplay*. P. weigert sich, so etwas wie einen Weihnachtspullover anzuziehen. Sie will ihre schwarzen Schlabberklamotten tragen und ihre Bassgitarre mit ein bisschen Lametta schmücken. Nun, da es losgeht, möchte ich das Ganze so schnell wie möglich über die Bühne bringen. Danach bin ich die Schule eine Weile los.

Während wir hinter der Bühne im Flur warten, beobachte ich das Publikum durch einen Spalt im Vorhang. Es ist echt laut, und es sind richtig viele Leute da! Ich suche jede Reihe mit Blicken nach Bekannten ab. So viele Gesichter, die mir fremd sind, alles Menschen, die mich nicht kennen. Ich kann weder Alex noch Josh sehen. Aber Matthews Kopf ragt in der Menge auf. Ellie sitzt mit ihrem Vater in der zweiten Reihe. Mum und Chloe sitzen ein paar Reihen weiter hinten. Mr Osho steht mit Mrs Nice am Rand. Skyla steht ganz hinten, ihre Haare sehen aus, als hätte sie sie extra gebürstet. Ich halte weiter Ausschau und bilde mir kurz ein, Großbutter gesehen zu haben.

Molly, die vor uns dran ist, macht sich bereit. Ich finde, ihr Hund ist nicht besonders gut dressiert. Sie muss ihn ständig rufen, und am Ende ihrer Vorstellung flitzt er ganz vorn auf die Bühne und pinkelt gegen den Mikrofonständer. Alle lachen sehr laut. Molly schimpft ihren kleinen Hund aus und hebt ihn hoch. Sie verbeugt sich, auch wenn kaum jemand klatscht, und kommt anschließend ziemlich sauer hinter die Bühne.

Einige Schüler aus der Dreizehnten, die sich um die Requisiten kümmern, drängen sich an mir vorbei und wischen die Hundepisse auf. Das Publikum johlt. Die Leute sitzen schon seit zwei Stunden da. Ich glaube, sie fangen an, sich zu langweilen.

Und dann passiert es.

Sam steht draußen vor der Brandschutztür auf dem Parkplatz. Vielleicht hat er Lampenfieber oder will sich ein bisschen einsingen oder so. Ollie, P. und ich tigern unruhig und wortlos umher. Als ich noch einen Blick durch den Vorhang werfe, kann ich sehen, wie die Jungs aus der Dreizehnten mein Schlagzeug auf die Bühne schleppen.

»Gleich geht's los«, flüstere ich Ollie zu.

Im selben Moment hören wir, wie die Brandschutztür zugeknallt wird, und als wir herumfahren, steht Sam vor uns. Er hat sein Handy in der Hand und sieht stinksauer aus.

»Wie kannst du mir das antun?«, schnauzt er Ollie an.

Der scheint sofort zu begreifen, was gemeint ist, zuckt mit den Schultern und senkt den Kopf. Er sieht aus, als würde er sich schuldig fühlen, nur weiß ich nicht, warum. Ich bin ziemlich verwirrt, und Sam sieht auf einmal ganz anders aus. Wie ein wildes Tier.

Er stößt Ollie heftig gegen die Brust, der davon beinahe zu Boden geht. Auf einmal habe ich richtig Schiss. Ich zittere, zumal ich nicht weiß, warum Sam so wütend ist, aber vor allem will ich Ollie beschützen. Ich stelle mich zwischen die beiden.

»K-k-k-komm wieder runter, SSSSam!«, stottere ich, aber er hört nicht auf mich. Stattdessen stößt er mich zur Seite und stapft auf Ollie zu, der immer noch aus dem Gleichgewicht ist.

Und dann schlägt Sam zu. Richtig heftig. Mitten ins Gesicht.

Ich habe noch nie miterlebt, wie jemand ins Gesicht geschlagen wurde. Ich höre das dumpfe Klatschen von Sams Faust. Das Geräusch werde ich nie vergessen. Es ist echt beängstigend. Ollie hebt schützend die Hände vor sein Gesicht, und ich schreie Sam an: »Lllass ihn in Ruhe! Lass uns a-alle in RRRuhe, okay?«

Dann tritt Sam gegen die Wand. So heftig, dass ich befürchte, er könnte sich den Fuß angeknackst haben. Er humpelt zur Brandschutztür und reißt unterwegs ein Poster von der Wand.

Ollie sieht P. und mich verlegen an und zuckt mit den

269

Schultern. »Sorry, Leute«, sagt er. »Danke, dass du mir ge-
holfen hast, Kleiner!« Er zerzaust meine Haare und trabt
im Flur davon, die blutende Nase mit dem Handrücken
abwischend.

Ich habe keinen blassen Schimmer, was hier los ist. Ich
schaue P. an, die den Blick senkt und murmelt: »Das bedeutet wohl, dass Ollie jetzt mit Tia zusammen ist. Damit
ist die Band erledigt. Tut mir voll leid, Billy« Und mit diesen Worten schlurft sie hinter Ollie her.

Mein Herz rast, und ich schwitze. Auf einmal bin ich
hellwach. Als ich wieder durch den Vorhang schaue, sehe
ich, wie die Schüler aus der Dreizehnten das Mikro mitten auf die Bühne stellen. Gleich wird der Direktor *Teenplay* ankündigen, eine Band, die es nicht mehr gibt. Nur
ich bin noch übrig, und ich habe absolut keine Ahnung,
was ich tun soll.

Da nähern sich Schritte. Alex spurtet im Flur auf mich
zu. »Ich habe gerade Ollie in den Toiletten gesehen, und
er sieht echt übel aus. Ist alles in Ordnung?«

Ich schaue ihn an. Er wirkt besorgt. Als ich begreife,
dass ich ihm immer noch wichtig bin, schnürt es mir die
Kehle zu, und mir geht schlagartig alles Mögliche durch
den Kopf.

Großbutter. Das durch ein Fingerhakeln besiegelte
Versprechen. Die Tatsache, dass ich die besten Freunde
verloren habe, die ich jemals hatte. William Blakemore.
Alles.

Alex kommt zu mir und umarmt mich.

»Es tut mir a-alles so leid«, sage ich in seine Schulter.

Als ich die Augen wieder öffne, stehen plötzlich auch Josh, Matthew und Skyla vor mir.

»Wir wollten dir viel Glück wünschen«, sagt Matthew. »Was ist denn los? Wo sind die anderen?«

»Der Auftritt ist geplatzt«, antwortet Alex.

Ich schaue alle an und flüstere: »Ich wwwar ein richtig m-mieser Freund.« Mit einem Blick zu Josh füge ich hinzu: »Es tut mir so leid, wirklich.«

Er zuckt nur mit den Schultern und erwidert: »Wir haben dich vermisst. Dich und deine Witze. Was willst du jetzt machen? Auf der leeren Bühne?«

Da zieht Skyla etwas aus ihrer hinteren Hosentasche. Mein Witze-Buch!

»Woher h-h-h-h-hast du das?«

»Ich bin deiner Mum im Publikum begegnet. Sie hat das Buch im Mülleimer gefunden. Sie macht sich auch Sorgen um dich.« Skyla gibt mir das Buch. »Ich finde, du solltest es tun, Billy. Geh auf die Bühne und zeig's den Leuten!«

Ich nehme das Witze-Buch entgegen und nicke. Sie drückt mich so fest, dass sich meine Füße vom Boden lösen.

»L-l-lass mich r-r-runter«, sage ich und tue so, als müsste ich um Atem ringen. »Ich k-k-kriege keine L-L-Luft. Gehabt euch wohl, ich z-z-ziehe in die Schlacht.« Sie lachen alle.

»Da ist er wieder, unser alter Billy!«, sagt Skyla und

lässt mich runter, und dann kehren sie zu ihren Plätzen zurück.

Ich schaue zur Bühne und dann in den leeren Flur. Zwei Möglichkeiten. Zwei Wege, auf denen ich einen Fuß vor den anderen setzen kann. In diesem Moment tritt William Blakemore durch die Brandschutztür und versperrt mir einen der zwei Wege. Er steht da, an die Wand gelehnt, und schaut auf seine Schuhe.

Ohne ihn zu beachten, öffne ich das Witze-Buch, und ganz vorn steckt ein kleiner Zettel mit Mums schöner, geschwungener Handschrift: *ALLES, was Du sagst, ist wichtig, denk daran.* Auf einmal weiß ich, was ich tun muss.

Da erscheint auch schon jemand in der Tür und hält sie mir auf, reckt einen Daumen in meine Richtung, und dann höre ich den Schulleiter sagen: »Ich begrüße den Höhepunkt des Abends, eine Band, die es in sich hat … *Teenplay*!«

Das Publikum beginnt zu klatschen, und ich gehe zum Vorhang. Auf dem Holzboden der Bühne sind meine Schritte richtig laut, und mein Herz hämmert im Takt dazu in meiner Brust.

Kurz bevor ich hinausgehe, sagt Blakemore plötzlich: »Billy?«

Ich drehe mich zu ihm um. »Ja?«

»Ich muss mich bei dir entschuldigen«, meint er.

»Ich mich auch bei d-dir.«

»Du musst das nicht tun, wenn du nicht willst. Das ist dir klar, oder?«

»Ja, ich weiß.«

Er hält mir die Hand hin, und ich schlage ein.

Der Saal verstummt, als ich erscheine. Ich bin nicht das, was die Leute erwartet haben. Einige murmeln, rutschen auf dem Stuhl herum. Ich will weitergehen. Den einen Fuß heben und vor den anderen setzen, bin aber wie gelähmt. Ich kann mich nicht vom Fleck rühren. Keine Ahnung, wie ich anfangen oder was ich sagen soll.

Ich lasse den Blick über das Publikum schweifen. Von der Bühne aus gesehen scheinen es Tausende von Gesichtern zu sein. Gesichter, die mich nicht mal anschauen. Kein Interesse an mir zeigen. Das ist die Albtraumversion meines Auftritts, und sie scheint Wirklichkeit zu werden.

Sogar ganz hinten stehen noch Leute, gegen die Wand gelehnt. Ich kann sehen, dass Mum und Chloe kerzengerade dasitzen. Mum hat ihr Sprechtherapie-Lächeln aufgesetzt. Chloe hat ihr Lieblingspony auf dem Knie. Am Rand entdecke ich Dad, der hinter der Kamera den Daumen reckt, aber etwas verwirrt wirkt, weil mir niemand auf die Bühne folgt.

Auf der Bühne steht ein Tischchen mit einem Glas Wasser darauf. Ich halte das Witze-Buch so fest, dass sich meine Fingerkuppen in die Ränder des Einbands graben. Als ich meinen Griff lockere, strömt das Blut zurück, und meine Finger werden wieder rosa.

Alle sitzen erwartungsvoll da. Ich sehe, wie William Blakemore hinten im Saal durch die Doppeltür kommt. Ellie und ihr Vater sitzen lächelnd in einer der vordersten

Reihen. Ich hebe ein Bein mit meinen Händen hoch und setze es nach vorn, das andere folgt dann von allein. Ich denke an Mums Worte und wiederhole sie in Gedanken: *Alles, was ich sage, ist wichtig. Alles, was ich sage, ist wichtig. Alles, was ich sage, ist wichtig.*

Als ich das Mikro endlich erreiche, tippe ich dagegen, und ein hohes Pfeifen ertönt.

Ich räuspere mich, öffne mein Buch und setze zum ersten Wort an: »H-H-H-H-H-H-H-H-H-H-H-H-H-H-H-H…«

Alles, was ich sage, ist wichtig.

Kichern. Hinten ruft ein Junge: »P-P-P-P-P-Pip!« Noch mehr Kichern. Ich kann sehen, dass hinten im Saal ein paar Kinder miteinander rangeln.

Ich verstumme und hole Luft, trinke einen Schluck Wasser.

Alles, was ich sage, ist wichtig. Alles, was ich sage, ist wichtig.

Dann nehme ich einen neuen Anlauf: »H-H-H-H-H-H-H-H-H-H-H-H-H-H-H…«

Ich werfe einen Blick auf die stirnrunzelnd lächelnden Gesichter, die mich anstarren.

Dann schaue ich zu Mum und sehe, dass sie traurig lächelt. Ich will nicht mehr, dass sie so lächelt. Nicht um *ihretwillen*. Sondern um *meinetwillen*. Ich will, dass mich niemand mehr so anschaut. Nie wieder. Und deshalb muss ich etwas tun.

Ich klappe das Buch zu und lege es auf das Tischchen.

Dann ziehe ich das Mikro aus dem Halter und den Stuhl zu mir heran und setze mich. Ich lehne mich zurück und schlage die Beine übereinander.

»Ich h-h-h-h-h-hoffe, Sie h-h-h-h-haben heute Abend nichts mehr voooor.«

Es ist so still, dass man eine Stecknadel fallen hören könnte. Die Leute hören zu. Sie hören TATSÄCHLICH zu.

»D-d-d-d-denn das kann eine Weile daaaauern.«

Ich trinke noch einen Schluck Wasser. Das Publikum lacht leise. Und ich kann spüren, wie sich schlagartig etwas verändert. Ich spüre es, und die Leute spüren es auch.

Als ich sie anschaue, wirken die Gesichter und Körper ganz anders. Entspannt. Die Leute sind nicht mehr im Ungewissen. Sie hören zu. Ihre Einstellung hat sich verändert. Sie haben angebissen. Sie *wollen* jetzt, dass ich rede. Obwohl ich stottere. Und ich will es auch.

»H-h-h-h-h-hallo, ich heiße B-B-B-Billy Plimpton, und ich st-t-t-t-tottere. Eigentlich s-s-sollte ich jetzt mit meiner B-Band spielen, aber sie haben mich v-v-v-versetzt.«

Noch ein Schluck Wasser.

Einigen Leuten entweicht ein: »Aaaah.«

Ich erzähle weiter. »V-v-v-vielleicht habe ich ja was Falsches g-g-g-gestottert.«

Gelächter. Richtiges Lachen. Es klingt unglaublich. Wie das Lachen in der schönen Version des Traums.

»Als jemand meinte, ich s-s-solle auf die Bühne gehen und ein paar W-Witze erzählen, war ich sprachlos … B-b-b-buchstäblich.«

Ich kann Skyla ganz hinten mit ihrer Mutter sehen. Beide lachen und wischen sich Tränen aus den Augen. Ich sehe, wie Mr Osho eine Hand auf die Schulter von Mrs Nice legt. Die Sache macht mir jetzt Spaß, ich genieße den Blick in das Publikum.

»H-h-haben Sie auch das Gerücht über das Virus gehört? Na, ich werde es g-ganz sicher nicht verbreiten.«

Ich gehe zum Schlagzeug, nehme die Stöcke und spiele bei der Pointe ein lautes *BA-DUM-TSSSCCCHHH*. Die Leute jubeln, also lasse ich das Becken rollen und lege noch ein Trommelsolo hin.

»W-w-wann spielt die Band heute A-A-Abend? Ungefähr einen h-halben B-Beat nach dem Schlagzeuger.«

Ich haue mit Wucht auf das Becken. Dann stehe ich auf und stecke das Mikro wieder in den Halter, überlege, wie ich zu einem Abschluss kommen kann. Was ich sagen soll. Aber dann wird mir klar, dass ich gar nicht aufhören will. Ich will weitererzählen.

Also fahre ich fort.

»Sch-Sch-Sch-Sch-Sch-Sch-Sch-Sch-Sch-Sch-Sch-Schule … Junge, das hat aber lange gedauert!« Noch mehr Lachen, tiefere Erleichterung. Ich spüre, dass sich die Leute keine Sorgen mehr um mich machen. »War n-n-nicht immer einfach f-f-f-für mich. Aaaandererseits ist die Schule wohl für niemanden einfach, r-r-richtig? Der eine w-will einfach n-n-nur n-n-normal sein, der andere k-k-k-kämpft mit M-M-M-Mathe.«

Ich lächele William Blakemore an, und er grinst zurück.

»Jeder mmmmüht sich mit e-e-etwas ab. Auch wenn er das nicht zugibt. Blöd ist nur, dass i-i-i-ich mein Problem nicht verbergen k-k-k-kann. Alle können hören, wie ich m-m-mich a-a-a-a-abmühe. Aber das ist v-v-v-vielleicht gar nicht so schlecht. Vielleicht ist es v-v-v-verkehrt, sich v-vor d-d-dem zu verstecken, wovor man A-A-Angst hat. Ich wollte eigentlich nicht auf die B-B-Bühne. Und r-reden. N-n-nie und nimmer. Ich wollte mich verstecken. W-warten, bis ich ein anderer geworden bin. Bis ich mmmmein Stottern loswerde. A-a-a-aber nun stehe ich hier, und es ist gar nicht ssso schlimm. V-v-vielleicht bin ich ja in Ordnung, wie ich bin.«

Ein paar Leute jubeln, andere klatschen wieder. Ich schaue zu Skyla und weiß auf einmal, was ich tun werde.

»J-j-jeder ist irgendwie k-komisch. K-Kinder, Eltern, Lehrer … vor allem die L-L-L-Lehrer. Lehrer sind echt komische Leute. Ihr wisst sicher, was ich meine.«

Und dann fange ich an, die Lehrer nachzuahmen, und der ganze Saal steht kopf. Skyla johlt und jubelt die ganze Zeit. Ich merke, dass sich ein paar Lehrer fragen, ob sie mich weitermachen lassen sollen. Ob es richtig ist, dass sich alle über die Chemielehrerin kaputtlachen, weil sie im Unterricht immer einschläft? Aber sogar sie können sich das Lachen nicht verkneifen, als ich mich am Bauch kratze wie Mr Randall und so schnell wie möglich im Kopf rechne.

»Vier mal vier ist sechzehn. Jawoll, noch eine Aufgabe, bitte noch eine. Ich liebe M-M-Mathematik. Werft mir einen Ball zu. Ich liebe Mathematik noch viel mehr als das B-B-Bällchen. Hol das Bällchen, Platz, gib Pfötchen, u-umdrehen. Ich b-bin ein prima Mathe-Welpe. SSSSatz des Pythagoras, Algebra, Geometrie.«

Dann beginne ich zu hecheln und rolle mich auf den Rücken, als wäre ich außer Puste. Lang anhaltender Applaus.

Ich weiß, dass ich jetzt Schluss machen muss, und als ich aufstehe und nach dem Mikro greife, sehe ich, dass Mum mich anlächelt. Ich habe ihre schöne, geschwungene Handschrift vor Augen, und da wird mir etwas klar.

»Meine M-M-M-M-Mum meint immer, alles, was ich sage, sei wichtig, aber das kann nicht stimmen, o-o-oder?« Mum schaut jetzt verwirrt aus. »ALLES? Das wäre eine Riesenverantwortung, M-M-Mum!« Wieder leises Gelächter. Mum hat nun rote Flecke auf dem Hals, lächelt aber. »Etwa das hier … FFFFFurz. H-Hose. Schwachkopf. Würmer. Das ist *nicht* wichtig.«

Noch mehr Gelächter. Mr Osho hält seinen Bauch.

»Nicht wichtig, richtig? Das war i-i-i-i-idiotisch. Echt idiotisch.« Die Leute wischen sich Tränen aus den Augen, und ich weiß nicht, ob sie lachen oder weinen. »P-P-P-Paris ist d-d-die Hauptstadt von China. Das i-ist auch nicht wichtig. Das ist sogar falsch! Ich s-s-sage manchmal Sachen, die total falsch sind. Das tut jjjeder. Wie etwa Mr Grant, der mich immer Bobby nennt! Aber d-d-das macht mir nichts aus, Mr G-G-Grantelig, ehrlich nicht!«

Mum nickt jetzt, eine Hand vor den Mund gelegt. Ich weiß, dass es ihr unangenehm ist, also zwinkere ich ihr zu.

»Ich s-s-s-sage manchmal fiese Sachen (zzzum Beispiel zu meiner Schwwwester), g-gedankenlose (zu meinen Frrreunden), lustige (wie hoffentlich jetzt) und poetische. Ich k-k-k-kann etwas sagen und es mir im nächsten Moment anders überlegen. Ich kann mich e-entschuldigen. Deshalb ist nicht alles wichtig, was ich sage, und das ist g-gut so, stimmt's? Mehr als gut ... das ist sssuper. Ich habe schon jetzt länger g-g-gequasselt, als man f-f-für möglich gehalten hätte. Und ich m-m-merke, dass meine Mum gleich weinen muss ... und zwar so r-r-richtig. I-ich k-k-kann es an ihrem G-G-G-Gesicht erkennen. Vielen Dank. Ich wünsche einen schönen Abend!«

So laut war es im Saal noch nie. Alle sind auf den Beinen, und die meisten Mütter sehen aus, als müssten sie gleich losheulen. Und sogar auch ein paar Väter. Ich stehe lange da, ohne zu wissen, was ich tun soll. Ich sehe kurz zur Decke hinauf und flüstere: »Ich hab's geschafft, Großbutter. Wie ich es dir versprochen habe.« Dann verbeuge ich mich tief, setze einen Fuß vor den anderen und renne von der Bühne wie ein Dieb auf der Flucht.

Einunddreißig

Sagt der Hase zum Schneemann: »Her mit der Karotte,
sonst föhne ich dich!«

Nach meinem Auftritt drücken Mum und Dad mich endlos lange, aber das ist mir nicht peinlich, weil ich so glücklich bin. Als ich den Kopf aus Mums fester Umarmung hebe, sehe ich Ellie mit ihrem Vater auf mich zukommen.

Er wirkt bewegt und sagt: »Ich wünschte, ich hätte als Kind so etwas erlebt. Das war phänomenal!« Und dann umarmt er mich auch!

Ellie lacht bloß und sagt dann: »Du hast einen bleibenden Eindruck hinterlassen! Gut gemacht, Billy. Wir sehen uns, ja?«

Ich schaue ihnen nach, während sie den Saal verlassen. Ihre roten Haare tanzen zur Tür hinaus, und ich bin plötzlich total erschöpft. Erschöpft, aber rundum glücklich.

Als ich merke, dass mir Tränen über die Wangen laufen, kapiere ich endlich, wieso Mum manchmal vor Freude weint. Ich wische sie hastig weg und sehe, wie Mr Osho auf mich zukommt. Er verbirgt seine Tränen gar nicht erst.

»Billy Plimpton, ich war in meinem ganzen Leben noch nie so stolz auf jemanden. Ich verneige mich vor dir.« Und dann sinkt er auf die Knie und tut so, als würde er mich anbeten.

»D-das sollten Sie im Unterricht besser n-n-nicht machen, Sir«, sage ich lächelnd, und nachdem er aufgestanden ist, umarmt er mich fest.

Mein Auftritt wird sogar im Fernsehen gesendet, und ich werde eine kleine Berühmtheit. Ich soll an Silvester noch einmal vor die Kamera, um ein Interview zu geben! Am letzten Schultag kommen Kinder an meinen Tisch, damit ich ihre Essenstüten signiere! Sie bezeichnen mich als »legendär«.

Die Stammgäste sind nun offiziell wieder vereint. Ich spiele auf dem Schlagzeug sowieso lieber Jazz als Rock. Als wir die Instrumente aus dem Theater in die Music Lounge schleppen, sieht Blakemore, wie ich mich mit einem Becken abmühe, und nimmt es mir ab.

»Meinst du, ich könnte dein Roadie sein, Plimpton?«

»Klar, aber ich habe noch eine b-b-bessere Idee. *Die Stammgäste* sind auf der S-S-Suche nach einem Leadsänger. Du singst bestimmt wie ein E-E-Engel, Blakemore, stimmt's?«

»Darauf kannst du Gift nehmen, Plimpton«, sagt er und schmettert dann eine laute Arie: »Nur ein Cornetto, ich flehe Euch an.«

»Du hast den Job!«, sage ich lachend, als wir die Music Lounge betreten.

Mr Osho sitzt an seinem Tisch, und ich hole das Notizbuch mit den Schlagzeug-Notizen aus meinem Rucksack.

»Billy!«, sagt er und lächelt mich an.

»Ich habe d-doch noch etwas geschrieben, SSSir«, sage ich und reiche ihm das Notizbuch. Er nimmt es und schlägt es auf. Es enthält eine lange Liste, die alle Seiten ausfüllt und eintausend Punkte umfasst. Alle lauten gleich: *Vielen Dank!*

»Du wirst mich in einer Woche bestimmt nicht zweimal zum Heulen bringen, Billy Plimpton. Komm her und drück mich, und dann verschwinden wir und kommen erst im nächsten Jahr in diesen Raum zurück, einverstanden?«

Einige Tage später erhalte ich eine Weihnachtskarte von Sue mit einem kurzen Brief, in dem sie schreibt, sie sei unglaublich stolz gewesen, als sie mich auf der Bühne gesehen habe. Mum hat ihr einen Link zu der Sendung geschickt, und Sue schreibt, sie wolle meinen Auftritt all ihren Patienten zeigen, um sie zu »inspirieren«.

Kurz vor Weihnachten sitzen wir am Tisch und spielen Karten. Alex, Josh, Matthew, Skyla und ich. Chloe hat Aisha eingeladen, und sie galoppieren durchs Zimmer, als Aisha zum Fenster zeigt und schreit: »Es schneit!«

Als wir zu Ende gespielt haben, ist der Garten von einer dünnen Schneeschicht bedeckt. Alle holen ihre Mäntel, und ich renne nach oben in mein Zimmer, um meine Schneehose und ein zusätzliches Paar Socken zu holen. Als ich im Kleiderschrank herumwühle, fühle ich unter den Mänteln etwas Hartes. Ich hole es heraus und sehe das Logo von *Nike.* Der Karton mit Großbutters Sachen. Ich vergesse den Schnee und setze mich auf das Bett. Dann löse ich vorsichtig das Klebeband und hole alle Briefe heraus. Ich weiß gar nicht mehr, warum ich sie in den Schrank verbannt habe.

Als ich das Fläschchen mit Muscheln auf meinen Nachttisch stelle, muss ich lächeln. Einen der Briefe hänge ich neben das Foto von Struppi an meine Pinnwand. Die Karte mit dem Riesenkraken stelle ich auf meinen Schreibtisch, alles andere lege ich wieder in den Karton und verstaue ihn unter dem Bett. Ich finde es beruhigend, dass diese Dinge da sind. Dass Großbutter da ist.

Schon komisch, dass einem manche Dinge im ersten Moment Angst machen und dann plötzlich nicht mehr. Ich werfe noch einen Blick auf die Muscheln, dann ziehe ich die Hose an und flitze die Treppe hinunter.

Mit dem Schnee, der auf dem Auto liegt, machen wir einen ganzen Berg mit Schneebällen. Dann dürfen wir Mum und Dad wie jedes Jahr damit bewerfen. Alle sind froh und glücklich, und mir wird klar, dass ich trotz allem, was passiert ist, ein echter Glückspilz bin – denn meine Freunde und meine Familie sind bei mir, und alle lachen.

Dann werfe ich einen Schneeball auf Dad und treffe ihn im Nacken, sodass der Schnee unter seinen Mantel schmilzt. »Ha! Nimm das!«, rufe ich lachend.

»Na schön, Billy Plimpton, das bedeutet Krieg!!!«, ruft er und startet eine Gegenattacke.

Am Ende liegen wir alle lachend im Schnee, während Dad uns mit Schneebällen bombardiert. Anschließend bauen wir für Chloe ein riesiges Schneepony. In gewisser Weise bekommt sie also tatsächlich, was sie sich vom Weihnachtsmann gewünscht hat.

Auch ich bekomme zu Weihnachten, was ich mir gewünscht habe. Einen tragbaren Plattenspieler in einer wunderschönen orangen Box. Er sieht klasse aus. Dad schenkt mir dazu jede Menge LPs. Ein paar Platten von Komikern und viel Musik. Ich wusste gar nicht, dass es Schallplattenaufnahmen von Komikern gibt!

Hier eine Liste meiner LPs:

* **Monty Python**
* **Miles Davis**
* **Morecombe and Wise**
* **Arctic Monkeys**
* **Ella Fitzgerald**
* **Rowan Atkinson**
* **Nirvana**
* **Dizzie Gillespie**

Es tut so gut, wieder Miles Davis zu hören. Ich schaue mir alle Bilder auf den Plattencovern an und lese auf der Hülle die Geschichten zu den Stücken. Ich finde es super, die Platten mit dem Cover in der Hand zu halten. Es fühlt sich besonders an, irgendwie bedeutsam. Ich werde sie gut pflegen und mit einem speziellen Tuch abwischen, wie es Mr Osho uns gezeigt hat.

Als Großbutters Lieblingssong läuft, lese ich noch einmal alle Briefe aus dem *Nike*-Karton und halte dabei das Fläschchen mit Muscheln in der Hand. Nachdem ich eingeschlafen bin, träume ich, dass Großbutter mit einem Riesenkraken schwimmt. Als ich aufwache, stelle ich mir vor, wie Großbutter Schwimmbrille, Schnorchel und Schwimmflossen trägt. Davon muss ich so sehr kichern, dass ich kaum aufhören kann.

Zweiunddreißig

Ich will ja nicht angeben, aber ich habe an Silvester ein Rendezvous.
Mit dem neuen Jahr.

Noch fünf Minuten, dann beginnt das neue Jahr. Mum und Dad sind unten und versuchen, bis Mitternacht wach zu bleiben. Sie glauben, ich würde schlafen, aber ich will unbedingt aufbleiben.

Ich bin jetzt oft in meinem Zimmer und höre Musik. Von meinem Weihnachtsgeld habe ich noch ein paar Platten gekauft. Ich LIEBE Plattenläden! Ich glaube, Mum bereut es, mir den Plattenspieler geschenkt zu haben. Sie sagt, sie bekomme mich »gar nicht mehr zu Gesicht«!

Nach dem Mittagessen haben Mum und Dad gesagt, dass sie »eine ganz besondere Überraschung« hätten. Ich hatte keinen blassen Schimmer, was sie meinten, und konnte ihnen auch nicht ansehen, was los war. Sie wirkten wie Kinder. Nervös und aufgeregt. Sie haben mir einen Umschlag gegeben, den ich öffnen sollte. Darin war eine Schwarz-Weiß-Aufnahme, die verschwommen und ein bisschen gespenstisch aussah. Ich hatte keine Ahnung, was das sein sollte, bis ich in der linken unteren Ecke eine

Notiz entdeckte. Sie lautete: *Baby Plimpton.* Als ich meine Eltern ansah, umarmten sie sich strahlend. »Du wirst noch mal ein großer Bruder!«

Ich kann sie unten hören. Nur noch zwei Minuten. Ich glaube, das neue Jahr wird super.

Na gut, nicht alles wird super sein, ist ja klar. Das ist gar nicht möglich und wäre wohl auch etwas langweilig. Man kann eben nicht immer gleich sein, stimmt's? So einfach ist das nicht. Ich habe zum Beispiel ganz unterschiedliche Eigenschaften. Gute und schlechte und viele dazwischen. Und all das macht mich zu Billy Plimpton.

Ich höre sie unten zählen. Und deshalb ist hier meine letzte Liste des alten Jahres. Eine Liste mit all dem, was mich ausmacht.

»Zehn!« Ich heiße Billy Plimpton und bin Komiker.
»Neun!« Ich bin Schlagzeuger.
»Acht!« Ich bin ein großer Bruder.
»Sieben!« Ich bin Torwart.
»Sechs!« Ich bin ein Enkel.
»Fünf!« Ich bin eine Rampensau.
»Vier!« Ich bin ein Schriftsteller.
»Drei!« Ich bin ein Freund.
»Zwei!« Ich bin erstaunlich, unglaublich und einzigartig.
»Eins!« Und ich bin ganz normal.

Ach ja, und außerdem stottere ich.
Frohes neues Jahr!

Helen Rutter lebt in der Nähe von Sheffield, arbeitete lange Jahre als Schauspielerin und ist mit einem Komiker verheiratet. Die Idee zu *Ich heiße Billy Plimpton* kam ihr durch ihren Sohn Lenny, der ebenfalls stottert. Mit diesem Debüt möchte sie Kindern, die anders sind, eine Stimme geben und zeigen, dass jeder über sich hinauswachsen kann.

Henning Ahrens ist Schriftsteller und literarischer Übersetzer. Zu den von ihm übersetzten Autoren zählen u. a. Jonathan Safran Foer, Arthur Conan Doyle, Hugo Hamilton und Khaled Hosseini. Für Atrium hat er zuletzt die neuen Geschichten von Pu dem Bären und *Weihnachten im Wunderland* ins Deutsche übertragen. Er lebt in Frankfurt am Main.